영장류의 한 비밀

웃음

지은이 _ 이현수

학력   서울대학교 문리과대학 심리학과 졸업
          서울대학교 대학원 심리학과 졸업
          런던대학교 대학원 심리학과 졸업

경력   국립정신병원 임상심리과장 역임
          텍사스대학교 의과대학 정신의학 및 사회과학과 객원교수 역임
          중앙대학교 문과대학 심리학과 교수 역임
          현재 중앙대학교 문과대학 심리학과 명예교수

저서   성격과 행동(학지사, 2001)
          생활인의 성격심리학(대왕사, 2003)
          건강의 파수꾼 – 뇌(나노미디어, 2004)
          웰빙의 심리학(대왕사, 2005)
          긍정적 심리학(시그마프레스, 2008, 2008문화체육관광부 우수학술도서)

영장류의 한 비밀
웃음

2009년 12월 25일 1판 1쇄 발행
2009년 12월 30일 1판 1쇄 발행

지은이　이 현 수
펴낸이　강 찬 석
펴낸곳　도서출판 **나노미디어**
주　소　121-856 서울시 영등포구 신길동 194-70
전　화　02)844-0855　팩　스　02)703-7508
등　록　제8-257호

ISBN　978-89-89292-34-0　　03320

정가　13,000원
잘못된 책은 바꾸어 드립니다.

웃음

영장류의 한 비밀

이 현 수 지음

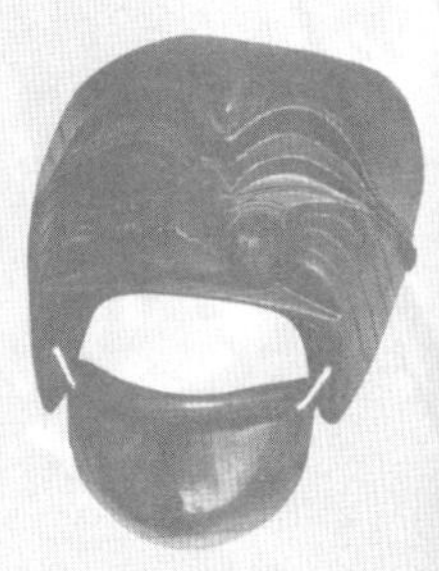

Nano 나노
Media 미디어

사람이 한평생 일백 년을 산다해도
그것은 바람 속의 연기와 같은 것.
질병으로 시달리는 날, 근심걱정으로 보내는 날을 빼고 나면
웃으며 즐겁게 사는 날은 몇 날이나 될까.
백 년도 살기 어려운 것이 인생인데
웃으며 즐겁게 살지 않고 어쩔 셈인가.

이조 중기 문인
洪良浩(1724-1802)의 「靑丘短曲」 중에서

머리말에 대신하여

인간이 조물주로부터 받은 선물 가운데 가장 큰 것이 웃음이다. 그런데도 그 진가를 알아주는 사람은 별로 많지 않다. 불행하게도 그것은 전문가들의 관심의 대상도 되지 못하였을 뿐만 아니라 하찮은 행동으로 가볍게 여겨져 왔다. 웃음에는 2000년 전의 철학자, 신학자, 심리학자는 물론 현대생물학의 한 분야로 성장한 동물행동학자들도 파헤치지 못한 다양하고 신비한 기능이 있다. 웃음에는 우리 생활에 크고 작은 도움을 주는 여러가지 지혜와 기능이 담겨져 있는가 하면 호기심이 많은 행동과학자만의 관심이 되는 부분도 있다. 우리가 알고 있는 것은 극히 한정된 한 부분에 불과하다.

개인의 성품은 웃음을 통해서 외부에 표출된다. 노화로부터 개인의 젊음을 지켜주는 것도 웃음이다. 개인에 대한 사회적 평가도 그 웃음의 질과 형태에 따라 달라진다. 품위있게 웃는 사람은 긍정적·사회적 평가를 받으나 천박하게 웃는 사람은 그러한 평가를 받지 못한다.

웃음은 종류도 다양하고 그에 따른 기능도 다르다. 즐거운 표정을 지으며 큰 소리로 웃는 웃음에는 심리적 정화작용기능이 내포되어 있다. 이와는 달리 찌푸린 얼굴로 상대방을 빈정대는 웃음은 자신의 건강을 해칠 뿐만 아니라 사회적 호감도 사지 못한다. 이와 같은 주장은 완벽한 과학적 검증을 거친 것은 물론 아니지만, 그렇다고 터무니없는 통속적인 것은 아니다.

웃음이 많은 사람은 건강하다. 그들은 감기 같은 하찮은 질병은 물론 심한 퇴행성 질병이나 암과 같은 치명적 질병에 걸리는 사람이 비교적 적다. 불행하게도 그러한 질병에 걸려도 그에 수반되는 동통도 효과적으로 잘 이겨낼 뿐만 아니라 쾌유속도도 빠르다. 이는 투병기간이 짧다는 것을 의미한다. 웃음이 많은 사람은 보다 장수한다. 이것은 웃음이 가진 왕성한 면역기능의 결과이다. 이와 같은 사실은 이미 30여년 전에 세계적으로 권위가 인정되고 역사가 긴 전문학술지에 소개된 바가 있다. 이만하면 웃음의 기능은 부분적이지만 과학적으로 입증된 셈이다.

지도자의 웃음은 한 국가의 흥망성쇠를 좌우한다. 통치자가 많이 웃는 국가는 흥하지만 웃음이 없는 전재군주가 통치하는 국가는 망한다는 사실이 역사에 기록되어 있다. 그 예를 찾아보자.

웃음이 많은 미국의 프랭클린 루즈벨트Franklin Roosevelt, 1882-1945 대통령은 2차대전을 승리로 끝내고 미국을 빛냈다. 그는 4

선 대통령으로 또 미국역사에 남은 위대한 세 대통령 가운데 한 사람으로 기록되어 있다. 이와는 대조적으로 웃음이 없는 독일 초대황제 카이저 빌헬름 Ⅰ세Kaiser Wilhelm Ⅰ, 1871-1888는 융성한 제국을 망친 전제군주로 기록되어 있다.

이와 같이 웃음에는 개인생활은 물론 국가의 운명을 좌우하는 기능도 있다. 이것은 웃음이 가진 기능의 일부이다. 그것마저도 과학적 검증을 거친 것은 극히 한정되어 있다. 건전한 생활의 웰빙은 과학적 검증을 거친 웃음에 대한 지식의 수준과 비례한다. 이러한 시대적 흐름에 따라 탄생한 것이 '웃음의 과학' Gelotology이다. 이는 심리학을 근간으로 해서 동물행동학, 정신의학, 정신신경면역학, 사회학 등 학제간의 통합된 지식으로 이뤄진 연륜이 극히 짧고 생소한 신진과학이다. 이 신생과학의 건전한 발달없이는 웃음의 신비는 벗겨질 수 없다. 이는 두뇌가 명석한 젊은 과학자의 많은 노력과 시간을 필요로 한다.

위대한 과학적 발견은 한 세대에서 완성되지 않는다. 한 사람이 두 평생을 산다해도 그것은 다 이뤄질 수 없다. 웃음의 과학도 예외가 될 수 없다. 끝으로 독자의 한계를 감수하고 이 책을 출판해주신 나노미디어 강찬석 사장님과 편집에 참여해주신 여러분의 노고에 사의를 표하는 바이다.

2009년 7월

저 자

차 례

제1장 **웃음과 간지럼** _ 11

웃 음 _ 13
'하-하-하' / '호-호-호' _ 13
웃음과 그 일반적 기능 _ 16
웃음의 철학적 이해 _ 20
웃음의 과학적 이해 _ 26
웃음의 바이러스 _ 29
웃음의 성차 _ 31

간지럼 _ 32
웃음과 간지럼 _ 32
간지럼의 기제 _ 38
간지럼의 발달과 위험성 _ 40

제2장 **웃음과 뇌** _ 45

웃음과 뇌 _ 47
정서와 뇌 _ 47

웃음의 신경병리와 비정상적 웃음 _ 55
웃음간질병 _ 60

광적 웃음의 전구증상 _ 61

안드로니쿠스의 웃음 _ 63

쿠루병 _ 64

조소적 웃음 _ 67

웃음의 가스 _ 68

안젤만장애 _ 73

발작유발성 웃음 _ 76

근위축성 측색경화증 _ 78

광 기 _ 80

윌리엄스장애 _ 85

윌슨병 _ 86

제3장 웃음과 건강 _ 87

웃음과 건강 _ 89
생리적 변화 _ 89

웃음의 질병치료 효과 _ 103
웃음의 부정적 기능과 금기 _ 118

세계 웃음의 날 _ 123

웃음치료 기법 _ 125

웃음유발의 열 가지 묘책 _ 129

제4장 유 머 _ 137

유 머 _ 139

유머와 체액 _ 148

유머의 특성 _ 152

웃음의 표출 _ 158

유머와 뇌 _ 162

제5장 유쾌한 정서 _ 167

정 서 _ 169

불쾌한 정서 _ 172

유쾌한 정서 _ 175
환 희 _ 179
놀 이 _ 180
흥 미 _ 181
만족감 _ 182
리질리언시 _ 184

감 사 _ 188

유쾌한 정서의 신장 _ 196
긴장이완치료 _ 199
심상훈련 _ 200
근육긴장 이완훈련 _ 201
명상훈련 _ 203

유쾌한 정서의 효과 _ 206
불쾌한 정서의 경감 _ 206
인지기능의 확대 _ 208
기능의 축적 _ 214
장 수 _ 215

찾아보기 _ 219

제1장

웃음과 간지럼

행복하기 때문에 웃는 것이 아니라,
웃기 때문에 행복하다.
William James(1842-1910), 미국의 심리학자

당신들이 나를 간지럽게 해보라.
그래도 내가 웃지 않고 견디는가 보라.
William Shakespeare(1564-1616), 영국의 극작가

웃 음

'하-하-하' / '호-호-호'

'하-하-하' / '호-호-호' - 이것이 웃음의 기원이다. '웃는다'
는 동사의 기원은 고대 영어인 'Hliehhan'에 있고 이것이 정교
해지고 음소기호체계에 따라 'ha-ha-ha' / 'ho-ho-ho'로 표기되
었다. 그것을 우리말로 표기한 것이 곧 '하-하-하' / '호-호-호'
이다.

웃음의 역사는 700만 년이 훨씬 넘지만 언어로서의 웃음이 계
통발생학적 발달과정에 따라 체계적이고 정확하게 기록된 것은
없다. 다만, 웃음은 비언어적 발생과정에서 파생된 것으로 신음,
탄식, 울음과 같은 인간의 언어가 발달되기 전부터 존재하고 있
었다는 것을 알고 있을 뿐이다. 이렇게 발달한 웃음은 우리들의
중요한 행동의 유목에 속한다. 그렇지만 그 기제는 확실하게 밝
혀지지 않고 있다. 거기에는 그럴 만한 이유가 있다. 무엇보다도
그 종류가 다양하고 웃음이 특정한 단일과학의 연구영역이 아

니기 때문이다. 특히, 웃음은 유전적 인자의 산물이기 때문에 그 구조가 매우 복잡하다. 2000여 년 동안 명성이 높은 철학가, 역사학자, 생물학자, 의학자들이 그 정체를 밝히려고 노력했지만 아직 확실한 과학적 체계를 내놓지 못하고 있다.

다행이 '웃음의 과학' Gelotology의 등장으로 그 유형과 그에 따른 기제가 부분적으로 밝혀지고 있다. 웃음은 우리의 젊음을 촉진시키며, 복을 가져다준다. 웃음에는 대인관계를 원만하게 해주는 기능이 있고 사회생활에 필요한 기술이 저장되어 있다. 그뿐만 아니라. 웃음에는 질병을 치료해주는 기능도 있다. 이와 같은 기능이 모두 엄격한 실험과정을 거쳐 확인된 지식은 아니지만 그렇다고 그것을 반증할 수 있는 자료도 없다.

웃음의 기능은 잠언에 잘 나타나 있다. 이들은 다른 잠언과 같이 한 세대에서 다음 세대로 전해 내려온 것들이다. 과학적 검정을 거친 것은 아니지만 사실과 거리가 먼 것은 아니다. 웃음의 기능은 동서고금의 잠언 속에 함축되어 있다. 그것들을 몇 가지 부류로 묶어보자.

- 웃음은 인류가 가지는 가장 위대한 무기이다.Mark Twain (1835-1910), 미국의 작가

- 웃음은 마음의 세척제이다. 명예보다 확실하고, 돈보다 가치 있고, 기도보다 나은 마음의 세척제이다.Hamet Rochin

- 웃음 속에는 진리가 함축되어 있다. 익살 속에는 많은 진

　　　　영장류의 한 비밀 **웃음**

리가 내포되어 있다.Geoffrey Chaucer(1340-1410), 영국의 시인

- 웃음은 최고의 지성이며 지혜이다.

  ➜ 홍소 속에는 정교한 이론적 가치가 내포되어 있다. 이는 실용적이며 보다 지적이다.H. L. Mencken(1924)

  ➜ 고통은 어떤 생각보다 깊고, 웃음은 어떤 고통보다도 그 수준이 높다.Elhert Hubhard(1856-1915)

  ➜ 비상한 물음에 대한 쉽고 현명한 대답은 웃음이다. Herman Melville(1819-1891). 미국의 수필가

- 웃음은 정확한 자기 특성의 표출이다.

  ➜ 웃음보다 자기의 특성을 잘 나타내는 것은 없다.Johann Wolfgang Von Goethe(1749-1832). 독일의 문호

  ➜ 그 사람의 웃음을 이해하면 그의 심성을 이해할 수 있 다.Feodor Dostoevsky(1821-1881). 러시아의 소설가

- 웃음에는 관용의 기능이 있다.

  ➜ 웃는 사람에게는 화를 낼 수 없다. 웃음은 관용을 베풀 게 한다.William Somerset Maugham(1874-1965). 영국의 희곡작가

- 웃음은 만복의 근원이다.

- 웃음은 젊어지는 수단이다.

- 웃음은 즐거움의 근원이다.

  ➜ 웃음이 없는 날은 잃어버린 날이다.Nicolas Chamfort(1741-1794). 프랑스의 작가

- 웃음에는 긍정적 기능만이 있는 것이 아니다. 웃음에는 부정적 기능도 있다.

    → 웃음 속에는 모든 죄악이 숨어 있다. 그것이 성스럽게 표출된 자신의 행복감에 의해 용서될 뿐이다.Friedrich Nietzsche(1844-1900). 독일의 철학자

    → 격노할 때 살인하는 것보다 웃으면서 살인하는 경우가 많다.Friedrich Nietzsche(1844-1900). 독일의 철학자

- 전제군주는 백성의 웃음을 매우 두려워한다. 그러므로 그것을 무자비하게 억압한다.

    → 세련되지 못한 군주의 웃음은 나라의 안정을 위태롭게 한다.Plato(421-347 B.C.). 고대 희랍의 철학자

웃음과 그 일반적 기능

1998년판 *Webster's Revised Unabridged Dictionary*에서는 웃음의 기능을 신체적 표출을 중심으로 이렇게 정의하고 있다. 즉, 불수의적 안면근육과 입술 운동이며 여기에는 즐거움, 만족, 조소를 표시하는 눈의 특이한 표현이 수반된다. 폐에서는 공기의 배출이 차단되는 데 그것이 눈에 띄게 나타난다. 웃음은 즐거움을 나타내는 외적 표현이다.

웃음은 조크나 간지럼에 대한 생리적 반응이다. 웃음은 이산화질소나 마리화나 같은 약물을 사용하여 인위적으로 표출시킬 수도 있다. 극히 드물기는 하지만 동통자극이 웃음을 유발하기도 한다. 그러나 여기에는 가학 피가학적 심리요인은 작용하지 않는다.

웃음은 단순한 심리적 작용의 산물만이 아니라 뇌의 활동과도 밀접한 관계가 있다. 웃음은 분명한 의사표출 수단이다. 대화과정에서는 자유로운 정서표출의 수단이 되기도 한다. 웃음은 자신이 한 사회적 성원이 되었음을 알리는 신호의 역할을 한다. 이를 통해 상대방을 수용하고 긍정적 대인관계가 촉진된다. 웃음에는 전파성 기능이 있어서 한 사람의 웃음이 다른 사람의 웃음을 유발할 수도 있다. 웃음은 즐거움의 표출이다. 웃음은 정서의 외적 표출현상이며 조크나 간지럼에 대한 생리적 반응을 불러일으킨다. 웃음은 불쾌감을 주기도 한다. 입을 떡 벌리고 소리를 내며 웃게 되면 눈물이 나오고 약한 근육통을 일으킨다.

웃음의 특성은 유전인자의 조정에 의해 결정된다. 단순한 음성의 산물이 아니다. 웃음을 통해 우리는 소리를 내고 정서를 표출한다. 이는 생물체의 내부에서 표출되는 생리적 현상이다. 그러면 이 발성을 통해 표출되는 웃음의 정체는 무엇인가?

2000년 이상, 철학자, 작가, 과학자, 의사들이 그에 대해 대답을 찾기 위해 무단히 노력을 했지만 명확한 답을 얻지 못하였다. 다행히 아래와 같은 몇 가지 기능이 밝혀졌을 뿐이다. 즉 웃음에는 매우 우정적인 미소와 어둡고 불길한 양면이 있다. 웃음에는 두 사람을 매우 친근하게 하는 기능이 있고 직면한 어려움을 해결할 수 있는 기능도 있다. 전제군주가 가장 무서워하는 것은 군중의 웃음으로 그는 이를 억제한다. 그의 교양 없는 웃음은 국가의 멸망을 초래한다.

웃음의 소리에는 실체가 불분명한 사회적 기능과 정서적 기능이 있다. 우리 자신이 지금 무엇을 하고 있는지를 전혀 의식하지 못한다. 그래도 무난하게 사회생활을 하며 적절한 시기에 적절한 장소에 어울리게 웃을 수 있다. 이것은 사회언어적 단서에 대한 무의식적 반응이다. 우리는 단서와 반응 사이의 규칙적 관계를 전혀 의식하지 못한다. 그것을 정확하게 알고 있는 것은 뇌뿐이다. 뇌만이 그들의 관계를 정확하게 이해한다. 웃음에는 사회적 관계를 이해하는 데 도움이 되는 강력한 탐지 기능이 있다. 그러므로 청중보다는 연설자가 더 많이 웃는다. 남자가 여자를 보고 웃는 경우보다 여자가 남자를 보고 웃는 경우가 더 많다.

웃음은 혀를 통해서 나타나는 말의 일종으로 종교적 열정이나 사회적·언어적 단서에 대한 의식적 반응과는 전혀 무관하다. 웃음은 사람들을 동일한 유대 속으로 묶는 사회적 발성이며, 숨겨진 비밀언어이다. 웃음은 학습을 통해서 얻어진 것이 아니

라 유전적으로 형성된 인간행동의 일부이다. 웃음은 일정한 틀
에 박힌 인간의 발성행동이다. 웃음은 가장 일반적인 인간 특유
의 발성행동이며, 그것은 사회적 교제를 위해서는 매우 중요한
청각적 신호이다. 웃음은 미소와 같이 사교적 교제과정에서 자
연스럽게 외부에 노출된다. 대상적·사회적 자극에 대한 반응
을 제외하고는 독자적으로 웃는 일은 거의 없다.

유쾌한 자극에 대한 반응으로 표출되는 정서가 웃음이다. 또,
웃음은 자신이 다행스럽다고 느끼는 감정의 일반적 부수현상이
다. 웃음에는 유머에서와 마찬가지로 생물학적 긴박감이 결여
된 현상이다. 웃음에는 사회적 의미가 내포되어 있고, 사회적 환
경이나 문화적 조건에 의해 큰 영향을 받는다. 웃음에는 놀라운
의외의 요소가 포함되어 있다.

웃음은 해방감과 이완감과도 깊은 관계가 있다. 이 해방감과
이완감에 의해 사태의 심각성이 크게 약화된다. 웃음은 공포·
성·공격·승리감·우월감과도 깊은 관계가 있다. 철학자와 심
리학자는 물론, 유관과학자들이 웃음의 발달, 사회적 의미, 전파,
생리학적 과정, 건강 그리고 병리학적 현상에 대해 몇 가지 궁
금증을 풀어주는 해답을 주었지만 그것은 과학적 사실과는 매
우 거리가 먼 것들이다.

웃음은 심리학과 생리학의 지식을 기초로 이해해야 할 반사
행동의 일종이다. 웃음은 15개나 되는 안면근육이 동시에 수축

할 때 발생하는 일종의 운동반사이다. 웃음은 횡경막의 짧은 경련적 수축을 수반하는 깊은 흡기에 의해서 생기는 반사현상이다. 이 반사행동에는 호흡의 변화가 따르지만 다른 행동과는 달리 일정한 생물학적 목적이 없다. 그것은 선의식적으로 일어나는 것이 한 특징이다. 여기에는 개인을 긴장상태에서 해방시키는 기능이 있다. 웃음은 쾌적한 정신활동에 수반되는 감정반응으로 그 종류도 매우 다양하다. 즉, 소리 없이 빙긋이 웃는 미소, 쓴 웃음인 고소, 입을 크게 벌리고 웃거나 떠들썩하게 웃는 홍소, 쌀쌀한 태도로 상대방을 비웃는 냉소, 비웃음치는 조소, 어처구니없어 서로 모르게 웃는 실소 등이다.

웃음의 철학적 이해

과거 2000여 년 동안 웃음은 철학자들의 독점연구대상이나 다름없었다. 웃음에 대한 철학적 연구를 최초로 시도한 사람은 Plato427-548 B.C.였다. 그는 웃음에 의해 나라가 멸망되지나 않을까하는 심한 두려움을 가지고 있었다. 그는 그의 저서 『공화국』에 지나친 웃음에 수반되는 부정적 결과를 기술하였다. 그는 공화국 방위훈련병의 부정을 방지할 목적으로 웃음에 의해 압도되는 신이나 영웅에 대한 기록을 삭제한 문헌만을 출판하도록 허용하기도 하였다.

그의 저서를 보면 사람을 웃기게 하는 것은 곧 무기력하고 자기에 대한 지식이 결여된 사람에 의해 저질러지는 악이라고 규정하였다. 그의 주장에 의하면 웃음이 많은 사람은 자기를 과대평가하는 경향이 있다고 한다. 자기 자신은 보다 부유하고, 힘이 세고, 날씬하다고 생각하는 경향이 있다고 한다. 또, 그는 웃음은 악의 덩어리로 짜여 있으며 이는 열등감에 대한 조소와 깊은 관계가 있다고 주장하였다. 자기열등감에 대한 조소가 곧 웃음으로 표출된다는 Plato의 주장은 다른 철학자들에 의해서 수세기 동안 수용·계승되었다.

Aristotle384-322 B.C.에 의하면 세련된 기지는 세련된 오만의 한 형태라고 한다. 이와 같은 주장은 후에 영국의 소설가 Oscar Wilde1856-1900와 같은 거장들에 의해서 널리 수용, 옹호되었다. 그의 웃음을 주제로 한 저서는 손실되어 버리고 『시학』, 『수사학』, 『윤리학』 같은 이차적 문헌에 남아 있다. Aristotle에 의하면 웃음은 추악에 속하는 한 행동이기는 하지만 개인의 위상을 손상시키거나 괴로움을 주지는 않는다고 한다. 예를 들면, 익살스런 희극가면은 왜곡되고 추악한 것이지만 그것이 개인을 괴롭히거나 고통을 주지는 않는다.

Aristotle은 예기치 못한 웃음의 효과에 큰 비중을 두었다. 그는 사소한 웃음은 무의미한 것으로 생각하였지만 Plato는 사소한 웃음에도 매우 큰 의미가 있다고 했다. 이점에서 두 사람의 견해는 크게 다르다. Aristotle은 이런 점을 특별히 강조한다. 즉, 웃음이 없는 불쌍한 사람이 되지는 말아라. 지나치게 좋은 일을 경험해 보고 싶은 생각은 피하라. 과도한 즐거움을 추구하는 것은 우스꽝스럽고 비천한 짓이라는 점에 주의하라. 그는 또 웃음은 설득, 불신, 통제의 수단으로 선용되어야 한다고 주장하는 한편 그것이 악용되어서는 안 된다고 강조하였다. 그는 그의 시칠리아 철학자 Gorgias483-375 B.C.가 한 말, 즉 농담에는 상대방의 성실성의 기세를 꺾는 힘이 있고 성실성에는 농담을 제어하는 힘이 있다는 말을 즐겨 쓴다.

Aristotle에 의하면 자기보다 사회적 지위나 경제적 지위가 낮은 사람을 만났을 때, 자신이 그들보다 월등게 높다고 느끼고 즐거운 경험을 가진 사람에게서 표출되는 것이 웃음이라고 한다.

영국의 철학자 Thomas Hobbes1583-1679는 그의 저서 『인간의 본성』에서 웃음에 대해 이렇게 기술하고 있다. 즉, 자기 자신을 다른 사람과 비교했을 때 혹은 이전의 자신과 현재의 자신을 비교했을 때 예기치 못한 영광스런 감정 또는 승리자의 기쁜 환성이 상기되는데, 그것이 곧 웃음이다. 그 웃음은 승자의 가슴 속에서 울려나오는 개선 플라멩코 춤의 소리와 같다. Barry Sanders는 그의 문학과 철학을 새롭게 다루기 위해서는 Hobbes가 주장한 바와 같은 예기치 못한 영광과 같은 선행적 사건이 관련되어

　　　　　영장류의 한 비밀 **웃음**

있어야 한다고 주장하였다.

　Hobbes 시대의 참된 웃음의 본질을 정확하게 이해하려면 그 시대상을 잘 이해할 필요가 있다. 예를 들면, 당대의 좋은 맛, 훌륭한 매너, 훌륭한 외형은 오늘날 우리들의 기준과는 크게 다르다. 그들은 돈과 권력을 가진 사람이 경제적 빈민과 신체적 불구자를 고용하는 것은 삶을 즐기는 정당한 권한이라고 생각하였고 사회적 엘리트는 정신병원 환자를 놀려대는 것이 하나의 즐거움이라고 생각하였다. 카니발 축제에서는 고문과 사형 같은 것이 아무렇지도 않은 행사였고 끝에 가면 스낵과 가볍게 먹을 음식물이 나온다. 상류계층의 사람이나 하류계층의 사람들은 모두 자기가 가장 불행한 사람이라고 생각하는 것이 보통이었다.

　사회적 규준에 변화가 오면서 상류계층과 하류계층의 사람들이 모두 참된 웃음의 근원을 찾기 어렵게 되었다. 현대 코미디언들은 탁월한 재치나 제약 때문에 자신의 청중을 잃게 되는 경우도 있지만 그의 유머가 청중들에게 잘 수용되면 많은 관객을 얻을 수도 있다. Immanuel Kant1724-1804가 그의 한 저서 『순수이성비판』에서 웃음을 이렇게 정의하였다. 즉, 잘못 기대했던 것이 헛된 것으로 판명되었을 때 그에 수반되는 감정이 곧 웃음이다. Kant의 웃음에 대한 인지적 입장은 Arthur Schopenhauer 1788-1860에 의해 계승·발전되었고 그 주장은 현대 심리학자의 부조화이론의 기초가 되었다. 그의 주장에 따르면 지각한 물리적 현상이 추상적 표상과 조화를 이루지 못했을 때 표출되는 것이 웃음이라고 한다. 이와 같은 주장의 근원은 Aristotle에서 찾을 수 있다.

Peter Marteinson에 의하면 웃음이란, 사회적 동물이 진실을 왜곡하는 것을 보고 그에 반응하는 행동형태라고 한다. 우리는 선의식적으로 문화적 사실과 자연적 사실을 구분하기 때문에 진실과 허구를 구분하는 규준을 인지하지 못한다. Robert Heinlein 1907-1988은 사람이 웃는 이유를 그의 소설 『낯선 땅 이방인』에서 자세히 설명하고 있다. 웃음에는 큰 성별차가 있다. 즉, 여자의 웃음은 단조롭고 활기가 없다. 이와는 달리 남자는 으르렁대거나 역겨운 감정을 표출할 때 웃는다. Alexander Bain 1818-1903에 의하면 특정한 사람을 보고 웃는 것은 경멸의 표출이라고 한다. 이와는 달리 웃음은 부정적이고 바람직하지 못한 것을 정화하는 수단이라고 생각하는 사람도 있다.

영국의 철학자 Herbert Spencer 1820-1903는 생리학적 지식을 바탕으로 웃음을 해석하였다. 그의 주장에 따르면 웃음에는 의식상태의 전의과정에 신체적 운동이 수반된다고 한다. 거기에서 방출되는 신경에너지는 저항이 적은 통로를 따라 일어난 신체적 운동으로 이어진다.

이제 웃음을 심리학과 사회학의 관점에서 살펴보자. Sigmund

Freud1856-1939는 그의 한 저서 『조크와 무의식과의 관계』에서 웃음은 축적된 신경에너지의 경감현상이라고 주장하였다. 그의 주장에 의하면 웃음을 유발하는 것은 어떤 것이나 즐거움을 준다고 한다. 그것은 곧 정신적 에너지를 절약해주기 때문이다. 우리의 쾌감을 자극하는 것은 매우 다양하다. 유머, 코미디, 조크 등이 대표적인 것이다. 유머는 감정소모를 억제하기 때문에, 코미디는 아이디어의 소모를 억제하기 때문에, 그리고 조크는 지나친 감정을 제지하거나 억제하기 때문에 우리에게 쾌감을 준다. 과다하게 저장된 에너지는 웃음을 통해 방출되기 때문에 안전 밸브의 기능을 한다.

조크는 우리가 생각하는 것보다 더 많은 쾌감을 준다. 조크는 꿈과 같이 표면화되지는 않지만 우리에게 보다 많은 잠재적 이득을 준다. 조크는 꿈과 같이 눈에 보이지 않은 쾌감의 근원을 일깨워 준다. 왜냐하면, 이들은 무의식에 접근하는 것을 허용하기 때문이다. 웃음은 무의식적 문제를 해결하는 데 도움을 주는 열쇠이다.

형태심리학을 창시한 독일의 심리학자 Max Wertheimer1880-1943에 의하면 만화를 보는 경우와 같이 부분적으로는 닮지 않았으나 전체적으로 보면 매우 유사하게 닮았다는 것을 느끼는 감정상태가 곧 웃음이라고 한다.

Henri Bergson1859-1941은 그의 한 저서 『웃음 : 코믹의 의미에

대한 수필』에서 웃음에 내포된 사회적 특성의 중요성을 강조하였다. 그는 철학자의 지나친 질병증후의 우월성과 일화적 자료의 허구성을 비판하였다. 그러므로 그의 주장은 후속 연구자로부터 크게 환영받았다. 그의 주장에 의하면 웃음은 개인에게 수치감을 줌으로써 집단규준을 수용하게 하는 강제 수단으로 활용될 수 있다고 한다. 우리는 사회적 집단규준을 어기는 사람을 보면 웃음이 절로 나온다. 그러나 그것은 의식적 행동은 결코 아니다.

웃음의 과학적 이해

상당히 오랫동안 웃음은 철학자들만의 전유물이었다. 19세기에 와서 웃음을 포함한 인간행동에 대한 과학적 연구가 시작되었다. 이러한 조류에 따라 웃음과 유머연구자들도 과학적 연구방법을 도입하게 되었다. 과학의 특성은 객관적 사실을 중요시하는 데 있고 객관적 사실은 측정한 결과에서 얻어진다. 과학적 연구에 있어서 측정의 중요성을 아일랜드 태생인 영국의 물리학자 William Kelvin1824-1907은 이렇게 주장하였다. 즉, 측정이 불가능한 지식, 숫자에 의해서 표시될 수 없는 지식은 참지식이 될 수 없다. 그것은 빈약한 지식에 불과하다.

　미국 심리학을 개척한 Stanley Hall1844-1924은 1897년 질문지 자료를 활용하여 간지럼의 실체를 조사하였다. 그의 시도는 미국 심리학의 발전에 큰 공헌으로 기록된다. 1905년 Martin은 내성적 분석법으로 유머의 내부구조를 밝히는 데 기여하였다. Heim은 1936년에 즐거운 경험을 기억하는 방법을 개발하였고, Kamboropoulou는 1930년 웃음을 유발하는 주요요인을 발견하였고, Kenderdine은 1931년에 어린아이의 웃음의 특성을 발견하는 데 성공하였다. M. Washburn은 1924년에, Charles Darwin은 1872에 각기 일화적 방법을 바탕으로 웃음의 발달과정을 밝히는 데 성공하였다.

　웃음 연구를 위해 Wilson은 1921에 임상적 신경학적 방법을, E. Kraepelin은 1904에 정신의학적 방법을 각각 도입하였다. 웃음과 유머에 대한 과학적 연구가 성숙하면서 그에 대한 보다 많은 연구결과가 발표되었다. 1970-1980년 사이에 웃음에 대한 연구는 큰 변화를 맞게 되었다. 철학자의 전유물이었던 웃음은 철학자는 물론, 의사, 간호사, 인류학자, 언어학자, 심리학자, 생리학자, 만화가, 희극배우, 어릿광대들의 관심을 끌게 되었다.

　이 시기에 웃음에 대한 학문적 정보교환을 위해 전문학술지 『*Humor : International Journalot of Humor Research*』가 발간되어 오늘에 이르고 있고 웃음과 유머를 주제로 한 국제회의가 매년 열리고 있다. 또 이를 주제로 한 단행본이 수없이 출판되었다.

그 가운데 많은 독자의 관심은 1979년에 출간된 Norman Cousins1915-1990의 한 저서 『환자가 지각한 질병의 해부』였다. 이 책에서 저자는 웃음에는 만성질병을 치료해주는 기능이 있다는 점을 강조하고 있다. 이에 대한 보다 자세한 설명은 다른 곳에서 하기로 한다.

아직도 웃음에 대한 과학적 연구, 다시 말하자면 경험적 자료를 바탕으로 한 연구는 초보적 단계를 벗어나지 못하고 있는 것이 사실이다. 1940년대에 최초로 웃음에 대한 수량적 연구를 시도한 것은 런던 대학교 심리학 교수였던 Hans Eysenck1916-1997이다. 그는 웃음과 조크는 성격특성과 깊은 관계가 있다고 주장하였다. 이를 뒷받침하기 위해 평가법을 도입하였다. 그는 피험자에서 얻은 자료에서 외향성은 성적이며 단순한 조크를 선호하지만 내향성은 성과는 무관한, 보다 복잡한 유머를 선호한다는 사실을 발견하였다.

Herbert Lefcourt는 유머스타일과 통제국소와의 관계연구에서 자신의 운명은 자기 자신이 통제가능하다고 생각하고 내재자는 외재자에 비해 보다 다양한 유머를 즐기는 경향이 있다는 사실을 발견하였다. 불행하게도 이 연구는 웃음의 본질에 대한 연구와는 다소 거리가 멀다. 현제 연구자들이 선호하는 일화적 방법으로 수집한 웃음의 자료를 사용한 연구결과는 진정한 의미의 과학적 발견이 될 수 없다.

위에서 웃음에 대한 몇 가지 주장, 특히 철학자들의 주장을 소개하였다. 이것은 현제 우리들이 이해하고 있는 것의 일부분에 지나지 않는다. 아직도 웃음을 거창한 수사학적 지식으로 해석하려고 하기도 하고 그것보다는 웃음이 가지는 특성으로 보아 문학적으로 분석하고 해석하려는 사람이 많다. 웃음에 대한 건전한 과학적 지식은 진화이론이나 생리학적 이론에서 출발할 때 보다 큰 성과를 얻을 수 있을 것이다. 웃음에 대한 체계적 연구를 위해 이러한 이론이나 방법을 도입하는 것은 쉽지 않을 것이다. 왜냐하면, 이 주제에 대한 연구자들이 서로 다른 용어로 의사소통을 하고 있기 때문이다. 이들은 웃음을 야기시키는 근원을 유머나 코미디에서 찾으려고 하고 있다. 웃음 그 자체에 대한 이론체계보다 그 사실에 대한 관심이 컸다. 이와 같은 추세는 지금까지도 지속되고 있다. 과학적 기반이 결여된 지식, 즉 상식은 웃음의 본질을 이해하는 데 큰 도움이 될 수 없다. 지난 100년 동안에 수행된 웃음에 대한 경험적 연구결과는 인간의 웃음의 본질을 이해하는 데 큰 도움이 되고 있다.

웃음의 바이러스

1990년 12월 27일 아메리칸 대학교 교수였던 Art Buehwald는 유머와 건강을 주제로 한 세미나에서 웃음은 전염병과 같이 전염된다는 새로운 사실을 발표하여 기존의 주장을 확인해 주었다.

웃음은 전염병과 같이 전파속도가 빠르다. 이와 같은 사실은 1962년 탄사니키아, 지금의 탄자니아 여학생기숙사에서 확인되었다. 이 기숙사는 12~18세의 여학생만을 수용한다. 그들은 웃음발작이 일어나면 큰소리를 치고 울면서 흥분상태에 빠진다. 삽시간에 95~159명의 학생에서 같은 증후가 나타났다. 사태가 진전됨에 따라서 3월 18일에 학교는 휴교에 들어갔다. 이 학교는 3월 21일에 다시 문을 열었다. 57명의 학생에서 같은 증후가 나타나자 다시 문을 닫게 되었다. 웃음이 죽음으로 이어지지는 않았으나 웃음발작을 경험하고 난 후에는 수주 동안 학교에서 정상수업을 받을 수 없었다. 증후가 있는 학생은 심하게 흥분하기도 하고, 때로는 교사에게 저항하기도 한다. 그 학교 교사에서는 그런 증후가 나타나지 않았다.

이와 같은 웃음의 바이러스는 10일 사이에 주변학교로 전파되었다. 10,000명의 인구도시에서 200명의 학생에게 감염되었다. 이 질병은 젊은 학생에게만 감염되었다. 2년 반이 지난 1964년 6월 웃음의 질병은 다른 인근 학교의 학생에게도 전염되었다. 무려 14개 교가 휴교를 하고, 10,000명 이상의 학생이 감염되었다. 이 발병추세를 자세히 관찰한 결과, 최초 발병자는 기독교계통 학교 여학생이었으며, 그의 어머니와 여자 친척으로 감염되었다. 그러나 아버지에게는 감염되지 않았다. 전염은 부족과 가족 그리고 친구 사이에서 전염되며, 특히 여성에게 많이 전염되었다.

웃음의 성차

남성과 여성이 선호하는 조크의 내용이나 조크하는 방법이 크게 다르다. 이와 같은 사실의 타당성을 입증할 목적으로 실험자는 남성과 여성에게 만화를 보여주고 자신이 경험한 흥미의 정도를 10점 평가척도에 따라 평가하게 하였다. 이와 동시에 fMRI측정결과에 나타난 뇌의 활동상태를 측정하였다. 그 결과, 남성이나 여성 모두 공통적으로 만화가 재미있었다고 평가하였다. 그러나 그들의 뇌활동양상은 크게 달랐다. 즉, 여성의 중격측 좌핵 영역의 활동은 남성의 중격측 좌핵 영역에 비해 더 활발하였다. 남성의 뇌는 흥미있는 만화에 대해서는 활발한 반응을 보이나 흥미없는 만화에 대해서는 그 활동수준이 현저히 떨어진다. 이와 같은 발견을 통해 정서반응에 있어서 남녀의 차가 크다는 것이 확인되었고 이것은 우울증연구에 큰 도움을 줄 수 있었다.

간지럼

웃음과 간지럼

웃음을 유발하는 자극 가운데 간지럼 만큼 큰 비중을 차지하는 것은 없다. 영국의 극작가 W. Shakespeare1564~1616가 말한 바와 같이 남이 나를 간지럼 태우면 웃지 않고 견디기가 힘들다. 그러나 내 스스로 간지럼을 태우면 웃음이 나오지 않는다. 자기 스스로 간지럼을 태우고 나면 심한 공허감을 느낀다. 그에 따른 공허감은 자위행위 후에 오는 것보다 더 크다. 성인들은 자위행위를 통해 성적 절정감을 느낀다. 그러나 자기 스스로 간지럼을 태우고 느끼는 공허감은 희미한 사회적 한 측면의 그림자와도 같이 생각된다.

자기가 웃기 위해 자기 스스로 자기에게 간지럼 태우는 것으론 아무 의미를 경험하지 못한다. 그것 때문에 어떤 웃음도 나오지 않는다. 간지럼은 간지럼 태우는 사람이나 물건 간의 사회적 상호작용의 산물이다. 사회적 상호작용의 개념은 간지럼 현상을 이해하는 데 있어서 매우 중요하다.

간지럼은 웃음과 사회적 발성 간의 관계를 이해하는 데 매우 중요하다. 간지럼은 웃음을 이해하는 데 있어서 매우 중요한 부분이다. 간지럼은 보다 신빙성이 있고 보다 고전적인 웃음의 자극제이다. 간지럼은 영장류 종족에서는 웃음의 주요 근원이며 이는 조상 전래의 산물이다. 남이 나를 간지럼을 태우면 즐거운 기분을 경험한 나머지 하-하-하- 하고 소리내며 웃는 것이 보통이다. 누가 누구를 무슨 목적으로 간지럼 태우느냐에 따라 그에 대한 반응도 다르고 그 의미도 다르다. 이는 웃음의 근원, 희극과 사회적 행동의 생물학적 기초를 이해하는 데 큰 도움이 된다. 또 이를 통해 개인의 사회적 접촉, 성적 유희, 성적 기벽의 신경학적 기제를 이해할 수 있다.

인류의 역사가 시작될 때부터 사람들은 남에게 간지럼을 태우기도 하고 남이 태우는 간지럼을 타기도 했지만 간지럼 그 자체는 물론 대인관계에서 이뤄지는 간지럼의 기제에 대한 과학적 연구에는 관심을 두지 않았다. 그러므로 우리가 가지는 간지럼에 대한 지식은 매우 빈약하다. 일부 생리학자들은 간지럼을 동통장애의 한 유형으로 아주 가볍게 다루고 있다.

William Sweet를 비롯한 해부학자나 생리학자들은 간지럼의 사회적 의미를 매우 가볍게 생각하는 경향이 있다. 간지럼의 행동과 그에 대한 반응으로 나타나는 간지러움증은 구별될 필요가 있다. 간지럼은 촉각의 감각 생리적 현상이다. 그것은 생리적 지식만으로는 이해하기 어렵다. 자신의 갈비대를 애인이 만졌을 때와 낯선 사람이 만졌을 때 느끼는 감정을 두고 생각해보자. 그에 따르는 감정은 크게 다르다. 생리학적으로는 동일한 촉감을 주는 자극원도 자극을 주는 사람에 따라 판이한 반응을 일으킨다. 사람에 따라 즐거운 감정을 경험할 수도 있고 불쾌한 감정을 경험할 수도 있다.

사람들은 생리적으로는 동일한 자극에 대해서도 서로 다른 반응을 한다. 간지럼의 경우도 이와 크게 다르지 않다. 이와 같은 현상은 Charles Darwin1805-1892 이후 수세기 동안 인류가 꾸준히 경험해 오고 있다. 어린아이들의 간지럼도 이와 크게 다르지 않다. 어린아이들은 낯설은 사람이 간지럼을 태우면 공포에 질려 비명을 지르나 어머니나 친숙한 사람이 간지럼을 태우면 즐거운 웃음을 짓는다. 이와 같은 현상은 우리 생활에서 흔하게 볼 수 있다. 그러므로 웃음의 사회적 상호관계의 특성은 간지럼의 수수께끼를 푸는 데 매우 중요한 요인이다.

간지럼을 태워도 웃지 못하는 것, 간지럼 자극에 대한 감각을 경험하지 못하는 것은 정상적인 현상이 아니다. 자기 스스로 혹은 다른 사람의 자극에 의해서 쉽게 반응하지 않는 것이 슬개반사이다. 이는 가장 단순한 반사이다. 간지럼의 반응은 선천적으로 타고난 매우 복잡한 기제에 의해 조정되는 생리적 행동이며 사회적 행동이다. 간지럼의 기제는 파고들면 들수록 복잡해서 하찮은 행동이 아님을 알 수 있다.

주위 사람들이 간지럽게 하면 즐겁게 받아들여 적절하게 반응하는 사람이 있는가 하면 그에 대한 혐오감을 일으키는 사람도 있다. 이와 같이 상이한 반응의 원인은 밝혀진 것이 없다. 간지럼이라는 말만 듣고도 그것을 음란한 행동으로 생각하는 사람이 있다. 아버지가 딸이 귀엽다고 과도하게 간지럼 태우는 것을 불법으로 규정하고 있는 문화가 있다. 미국의 놀턴 주와 버지니아 주가 바로 이에 속한다. 이 지역에서는 간지럼을 접촉으로 인한 재해라고 규정하고 있다.

자신이 남을 간지럼 태웠을 때 또 남이 자신을 간지럼 태웠을 때 어떤 감정이 들었는가를 질문지를 사용한 연구가 있다. 응답자의 86%는 지난 한 해 동안에 자신이 남으로부터 간지럼을 당한 경험이 있다고 응답했다. 이 사실을 보면 간지럼은 우리 일상 생활경험과 무관한 경험이 아님을 알 수 있고 과학적으로 연구할 가치가 있다는 생각이 든다.

한 응답자가 보고한 바에 의하면 자기 주변에는 자기를 병적으로 간지럼 태우는 사람이 있는데, 그것을 피하기가 쉽지 않다고 한다. 광적으로 남에게 간지럼 태우는 사람이 주위에 많이 있다고 한다. 사람들의 40%는 한 주에 한 번 이상, 84%는 한 해 동안에 한 번 이상 병적으로 태우는 간지럼을 피할 수 없었다고 한다. 이들의 보고에서 재미있는 사실들이 발견되었다. 즉, 간지럼을 당한 응답자의 대부분은 남이 자기에게 간지럼을 태우면 상당히 쾌감을 느낄 뿐만 아니라 웃음이 나온다고 한다. 특히, 84%의 응답자는 남이 자기에게 간지럼을 태우면 그에 따른 웃음을 멈출 수가 없었다고 한다.

간지럼을 탔을 때 쾌감을 느끼는 정도가 남성과 여성이 크게 다르다. 즉, 남성에 비해 여성은 쾌감을 느끼는 정도가 낮다. 여성이 느끼는 쾌감의 정도는 남성이 느끼는 쾌감의 반 정도에 지나지 않는다. 심성이 좋은 남성이 극도로 심성이 궂은 여성에게 간지럼을 태우면 두 사람 간의 의사소통이 방해되는 수도 있다. 그렇지만 그 기제는 확실하게 알려져 있지 않다.

남이 자신에게 간지럼을 태우면 즐거운 기분이 들면서도 그것을 방어하려고 하는 사람도 적지 않다. 그렇기 때문에 간지럼을 태우려는 부위를 스스로 보호하기도 하고 그 사람의 손을 예의주시하기도 한다. 이것은 모두 자신을 보고하기 위한 수단이다. 흔하게 있는 일은 아니지만 스스로 간지럼을 통해 즐거움을 경험하기 위해서 자신이 원하는 부위로 간지럼을 태우는 사람의 손을 끌어당기는 아이들도 있다. 일반적으로 간지럼을 태우려는 손을 멀리 뿌리치는 것은 인간 특유의 행동이 아니다. 간지럼을 태우면서 그에 수반되는 행동을 자세히 관찰해 보면 간지럼에는 접근-회피의 동기가 공존하고 있음을 알 수 있다.

간지럼 타기를 즐기는 아이가 간지럼을 태우는 사람을 회피하려고 하는 수가 있다. 이것은 그가 간지럼 그 자체가 싫어서가 아니라 후에 보다 많은 간지럼과 웃음을 경험하기 위한 수단이다. 또, 간지럼의 강도와 지속기간을 조정하기 위한 수단이다. 유아들에게 간지럼을 태우면 회피하지 않고 즐겁게 웃는다. 이는 간지럼의 강도를 경감시키기 위해서이다. 아동이나 성인에게 혐오적 간지럼을 태우면 그것을 피하지 못하고 참고 견딘다. 무기력 상태에 빠질 때까지 그 자극을 피하는 데는 적지 않은 힘이 필요하다. 그것이 신체적 표현의 보호수단이다.

간지럼에는 매우 불쾌한 감정을 유발하는 강력한 생리적 기능이 있는 데 이는 사람에 따라 다르다. 정도가 지나친 간지럼을 타게 되면 심한 불쾌감 때문에 천식 발작을 일으키는 사람도 있고, 자기의 아버지가 간지럼을 태우면 오줌을 지리는 아이도 있다. 간지럼을 부정적으로 평가하고 그것을 불쾌한 경험으로 인지한 사람은 간지럼을 혐오한다. 그들은 간지럼을 강간과 같이 일방적으로 행해지는 성행위와 같은 것으로 생각하는 것이 보통이다. 간지럼을 태우는 사람의 행동에는 공격성이 잠재해 있다고 생각하는 사람은 간지럼 그 자체를 혐오한다.

간지럼에는 적의적 요소가 전혀 개재되어 있지 않다. 그럼에도 불구하고 간지럼에는 상대방을 공격하거나 희생시키려는 의도가 있다고 잘못 생각하는 사람이 있다. 어렸을 때 경험한 부모나 가족의 간지럼 때문에 불쾌한 경험을 가진 사람은 자신의 배우자나 아이에게 주는 간지럼을 불쾌한 경험을 주는 것으로 생각한다. 웃거나 혹은 괴음을 지르는 게임을 좋아하는 아이들은 유사 공격성 간지럼을 타는 것을 즐긴다. 이와 같은 괴상한 게임은 침팬지도 즐긴다. 러시아의 신화에는 아이들이 공포의 상상력을 자극해서 실제로 웃음을 자아내는 괴물이 많이 등장하고 있다. 심술궂은 수목의 신은 사람을 보도로 유인하여 죽음에 이르게 하기도 한다.

간지럼의 기제

간지럼은 우리가 일상생활에서 흔히 겪는 한 특수한 행동이다. 그렇지만 우리가 가지고 있는 그에 대한 지식은 매우 유치한 수준에서 벗어나지 못하고 있다. 거기에는 여러가지 이유가 있다. 무엇보다도 그것을 설명하는 신경학적 심리학적 기제가 신비의 베일 속에 가리워져 있기 때문이다.

과학적으로 입증되지 못한 간지럼의 기제는 이미 2000여 년 전에 논의되기 시작했다. 즉, Aristotle은 간지럼의 기제를 직관적 지식을 기초로 하여 밝혔다. 그가 발견한 것 가운데에는 현대 과학자들도 수용하는 것이 있다. 그의 설명에 따르면 자기 스스

　　　　　　　　　영장류의 한 비밀 **웃음**

로 자신을 간지럼 태우는 것은 별로 큰 의미가 없다고 한다. 그 이유는 무엇인가. 자신이 간지럼을 경험하게 될 것이라는 사실을 미리 알고 있기 때문일까? 만일 그것을 미리 알지 못하면 스스로 간지럼을 감지할 수 있을 것인가? 다시 말하자면 자신이 스스로 간지럼을 유발시킨다는 것을 알면 간지럼의 자극을 받아도 간지럼을 경험할 수 없다는 것이 주요 골자이다.

Aristotle의 주장은 여러 사람들에 의해 그 타당성이 검증되었다. 왜 자기 스스로 간지럼을 태우는 것은 효과가 없는가? 사람들이 자기 스스로 간지럼을 태워 효과를 얻지 못한 것은 스스로 야기시킨 운동감각이 신경학적으로 말소되기 때문이라는 결론을 내린 실험연구가 있다. 이 실험연구결과는 간지럼에 대한 현대사회적 연구결과와 매우 일치한다. 이 결과는 비자아탐색기의 기능을 바탕으로 설명된다. 즉, 이 탐색기는 일종의 신경학적 비교장치로서, 우리 신체가 자아자극과 사물이나 유기체의 자극인 외부자극을 변별하는 기제이다. 자극에 대한 예언기능이 떨어지면 떨어질수록 비자아에 대한 지각기능은 더 약화된다. 자극을 활성화시키는 비자아는 외적 자극의 기준을 충족시켜 사회적 자극의 수준을 최하수준으로 떨어뜨리는 역할을 한다.

간지럼의 발달과 위험성

간지럼에는 사람을 웃게 하는 양성 효과뿐만 아니라 사람의 감정을 손상시키는 위험성도 내포되어 있다. 간지럼을 타면 폭발하는 웃음을 통제하기가 어렵거나 불가능해지기도 하고 숨이 찬다. 심한 경우에는 목숨을 잃게 되기도 한다. 이와 같은 사실은 역사적 기록을 통해서 어렵지 않게 찾아볼 수 있다. 16세기 Marquis de Sade1740-1814, Sait-Foix Moravian Brothers의 기록에 종교적 이단자를 살해하기 위해 간지럼 태웠다는 기록이 있다. 이런 간지럼 때문에 목숨을 잃은 사례가 많다는 기록도 있다. 그렇지만 간지럼 그 자체가 죽음의 직접적 원인으로 작용한 것인지는 확실하지 않다. 간지럼 때문에 웃음을 통제할 수 없게 되고 이것이 심한 발작이나 뇌 손상으로 이어졌을지도 모른다.

자폐증은 선천적으로 다른 물건과 가까이 하려고 하는 욕구가 강하다. 그러므로 그들은 그 욕구를 충족시키기 위해 매트리스나 담요로 몸을 감싸기도 한다. 이들의 욕구를 충족시키기 위해 개발된 기계도 있다. 그것은 모두 자폐증 환자가 사물과 접촉함으로써 간지럼에서 즐거운 경험을 얻게 된다. 자폐증에는 사물이나 사람과의 접촉을 기피하려고 하는 욕구가 강하다. 특히 낯선 사람과의 접촉은 극도로 싫어한다. 이는 간지럼 속에 내포되어 있는 자아/비자아의 변별기능에 이상이 있는 것으로 대뇌 손상의 결과이다. 대뇌에는 간지럼에 관계되는 정보를 처리하는 중요한 기능이 있다.

베일 속에 갇혀 있는 간지럼의 신비는 자폐증에 대한 지식을 바탕으로 밝혀낼 수 있다. 자폐증은 3세 이전에 발병하는 일종의 발달장애이다. 이는 간지럼의 병적 상태와 매우 유사하다. 즉, 자폐증에는 정신기능의 지체, 사회적 상호작용의 기능손상, 언어발달의 지체, 반복적이고 틀에 박힌 듯한 행동반복특징이 있다. 이와 같은 행동특징은 간지럼의 진행과정을 이해하는 데 큰 도움이 된다.

자폐증의 뇌기능을 분석해 보면 자아경계 결정과정의 기능이 뚜렷하게 나타나는데 이는 간지럼의 기능을 이해하는 데 필요한 비자아탐색과정에 대한 지식의 근원이 된다. 주위 사람들로부터 간지럼을 받고 싶어하는 사람이나 간지럼에 잘 견디어내는 사람은 간지럼을 피하는 사람에 비해 자아/비자아의 감각기능이 보다 잘 발달되어 있다.

아이들의 간지럼 감각은 출생 직후에 발달하기 시작한다. 아이들은 생후 3개월에서 4개월 반이 되면 사회적 자극을 받으면 웃기 시작한다. 같은 시기에 혹은 몇 개월 후에 간지럼을 태우면 웃는다. 간지럼은 자아와 비자아에 대한 변별기능과 밀접한 관계가 있다. 그러므로 이는 간지럼과 웃음의 발달에 대한 연구결과는 유아의 자아발달 특성을 이해하는 데 큰 도움이 된다.

물론, 이와 같은 주장은 성격연구자들의 주장과는 약간의 차이가 있다.

유아의 간지럼 반응과 웃음반응은 그들의 생활특성을 이해하는 데 큰 도움이 된다. 유아는 엄마가 간지럼을 태우거나 어루만지기만 해도 웃는다. 그것을 체험한 아기 엄마는 보다 많이 쓰다듬어주고 어루만져주게 된다. 아이의 웃음이 지나치면 엄마는 그것을 중단한다. 웃음, 미소, 울부짖음, 안달은 그것이 간지럼에서 생긴 것이거나 혹은 다른 외부자극에서 주어진 것이거나 모두 아이가 자기 엄마를 통제하는 중요한 수단이 된다. 언어발달 후에도 아이의 웃음, 미소, 간지럼은 물론 다른 비언어적 신호는 그의 부모, 가족, 친구 등과의 중요한 의사 채널로 작용하게 된다.

사람과 침팬지가 간지럼을 주고받는 형태는 매우 비슷하다. 간지럼은 서로 주고받는 관계의 역할을 한다. 이를 통해 두 사람의 친근한 관계가 형성되고 유지된다. 아이의 나이가 많아지면서 간지럼 자극에 대한 반응도 반응력도 크게 떨어진다. 중년기에 가면 그 반응력이 크게 달라진다. 그 원인은 자신의 선택과정이나 혹은 사회적 환경특성에서 찾을 수 있다. 이러한 변화에서 큰 의미를 찾을 수 있다. 이는 사회적 행동과 정서적 행동에 기반을 두고 있다. 중년기가 되면 간지럼 게임을 가지는 빈도가 크게 줄어들 뿐만 아니라 사회적 대인관계의 빈도도 줄어들고 그

방법도 크게 달라진다. 왜냐하면, 나이를 먹어가면 간지럼에 대한 반응기능이 저하되기 때문이다. 이는 사회적 대인관계의 변화의 산물이다. 이 산물은 호르몬 요인과 깊은 관계가 있다.

40세 이상의 성인들은 젊은층에 비해서 간지럼을 태우면 싫어한다. 이것은 우연한 변화가 아니다. 간지럼 기능의 쇠퇴는 연령과 직접 관계가 있다. 중년기에 들면 간지럼을 타게 되는 기회가 크게 줄어드는 것은 여러가지 심리적, 사회적 변화 때문이다. 즉, 구혼을 하거나 성적 교섭의 기회도 줄어든다. 친구들과의 친교기회가 줄어든다. 간지럼에도 일정한 발달과정이 있다. 즉, 아이들은 난폭한 게임을 선호하기 때문에 그들의 각성수준이 높아진다.

높아진 각성수준은 청년기와 초기 성인기의 성적 욕구를 촉진시킨다. 부모와 자녀 간의 유대관계는 간지럼에 의해서 강화된다. 성인기 중기가 되면 간지럼의 감정은 점차 소진되다가 노년기에 가면 완전히 소실된다. 이때는 자신이 남을 간지럼 태우고 싶은 욕망도 소실되고 남이 자기를 간지럼 태워주는 것도 바라지 않는다. 그러나 손자 손녀들과 주고받는 간지럼은 예외이다. 미용사나 소아과 의사가 주위 사람들을 간지럼 태우고 싶은 강한 감정, 손으로 어루만져주고 싶은 강한 욕망은 상당히 오래도록 지속된다. 그러나 그들이 거기에서 얻는 쾌감은 만족스럽지 못하다.

제2장
웃음과 뇌

인간 뇌의 가장 의미있는 활동은 유머이다.
Edward De Bono(1933-   ), 몰타 출생의 심리학자,
코카콜라 회사 자문심리학자

뇌의 신비가 밝혀지면
뇌구조의 방영체인 우주세계의 신비도 밝혀진다.
Santiago Romón y Cajal(1852-1934), 스페인의 생물조직학자

웃음과 뇌

정서와 뇌

현대 신경생리학자의 주장에 따르면 웃음은 복측내측전전두피질의 각성과정과 깊은 관계가 있다고 한다. 이 기관은 자기가 어떤 행동을 했을 때, 예를 들면 맛있는 음식을 먹었을 때, 상대방의 조크를 이해했을 때, 엔도르핀을 분비하는 기관이다. 변연체계통이 웃음과 깊은 관계가 있다는 사실은 널리 알려지고 있다. 이는 가장 원시적인 뇌의 한 부분으로 정서와 깊은 관계를 가지며 개체의 생존과 직접 관계된다. 특히 편도와 해마는 웃음을 유발, 직접 관계되어 있는 영역이다.

1984년 12월 7일 『*Journal of Americarn Medial Association (JAMA)*』에는 웃음의 신경학적 기반을 이렇게 기술하고 있다.

즉, 뇌에는 웃음의 중추가 있으나 그 신경학적 기제는 확실하게 알려져 있지 않다. 다만, 유추해 볼 수 있을 뿐이다. 웃음의 기능은 호흡기능과 관계가 있다. Wilson은 근심시상, 시상하부,

시상복측부를 웃음의 중추로 본다. Kelly 등은 수도관 주위에 위치한 피개에는 정서를 통합시키는 기능이 있다고 보기도 한다. 따라서 James Papez1883-1958가 가정한 것과 같이 변연체계통을 포함한 핵위통로가 웃음과 깊은 관계가 있다고도 볼 수 있다. 순수한 정서적 반응은 웃음과 같이 시상하부와 같은 피질하조직에 의해 매개되기도 하고 억제되기도 한다.

정서와 관계되는 뇌의 구조와 그 기능에 대해 보다 자세히 살펴보자. 사람의 뇌는 파충류 뇌, 변연체 뇌 그리고 신피질 뇌로 구성되어 있다. 파충류 뇌에는 인간의 생존에 필요한 기본적인 행동, 예를 들면 호흡과 같은 일상적 행동을 조절하는 기능이 있다. 변연체 뇌는 시상하부, 편도, 해마 그리고 뇌하수체로 구성되어 있으며 이들은 모두 정서반응과 밀접한 관계가 있다. 시상하부는 공포, 편도는 분노와 각각 깊은 관계가 있다. 신피질 뇌는 기억, 사고, 학습 등 인지기능과 밀접한 관계가 있다.

파충류계 뇌와 변연체계통 뇌에는 동물적 본능과 같은 원시적 행동을 유발하는 기능이 있다. 신피질 뇌는 뇌의 90% 이상을 차지하고 있으며, 여기에는 원시적 뇌의 활동을 통제하고 이성적 행동을 촉진·조절하는 기능이 있다. 변연체계통 뇌의 시상하부와 편도의 기능을 억제하는 것은 신피질의 전두엽 피질이다. 이 전두엽 피질의 신경회로는 편도에 연결되어 있다. 이 전두엽에는 고등정신기능과 관계되는 특정행동에 대한 의사결정

을 하는 기능이 있다. 울음과 직접 관계를 가지는 것이 변연체
계통이다.

변연체계통은 전뇌 속에 위치한 피질하구조와 서로 연결되어
있다. 이는 신피질의 대회, 해마, 편도, 중격, 시상의 내측핵 등으
로 구성되어 있다. 중뇌의 망양체 일부를 이에 포함시켜 연구하
기도 한다. 왜냐하면, 이는 해부학적으로 변연체계통과 밀접한
관계가 있기 때문이다. 한때 변연체계통은 미각과 깊은 관계가
있는 것으로 생각하는 사람도 있었지만 지금은 그런 생각을 가
진 사람은 없다. 그것보다는 변연체계통은 웃음과 같은 정서적
반응과 깊은 관계가 있는 것으로 널리 인정되고 있다.

이와 같은 주장의 역사는 매우 길다. James Papez는 1937년
『*Archives of Neurology and Psychiatry*』38, 725–743에 발표한 논문에
서 특정한 회로가 변연체계통과 연결되어 있다고 주장하였다.
변연계통은 정서의 통정이나 표현과 밀접한 관계가 있다는 사
실은 신경심리학적 연구결과에 의해 이미 확인되었다. 특히 변
연체계통의 구조는 시상하부의 구조와 밀접한 관계가 있다는
것이 무엇보다도 새롭고 중요한 발견이다. 변연체계통은 시상
하부의 조정기능에 많은 영향을 주어 결국에는 정서에 영향을
준다는 사실이 밝혀졌다. 변연체계통과 시상하부의 해부학적
관계가 밝혀지면서 변연체계통의 서로 다른 부위를 자극하면
인간이나 동물의 정서에는 극적인 변화가 일어난다는 사실이

발견되었다.

중격이 손상되면 과격한 분노의 정서가 일어나며 편도가 손상되면 무기력해진다는 사실을 좋은 예로 들 수 있다. 흥미로운 사실은 중격과 편도의 기능은 서로 상반된다는 점이다. 양측 편도에 외과적 수술을 가하면 중격손상에 의한 분노의 정서가 소실된다. 이와 같은 사실은 동물이나 사람에서 흔하게 발견할 수 있다. 이들 영역에 전기자극을 주면 예기했던 효과가 나타난다. 따라서 중격에 전기자극을 주면 강한 쾌감을 느낀다. 대뇌의 여러 변연체계통을 포함하는 측두엽이 손상되었을 때 가장 두드러지게 나타나는 것이 클뤼버 – 뷰시Klürer-Bycu증후군이다.

이 증후의 주요 특징은 시각실인증, 시각자극에 대한 과도한 주의집중 동기와 정서기능의 저하, 그리고 성적 충동 제지불능이다. 이와 유사한 증후는 측두엽, 신뇌 그리고 해마의 손상에서도 쉽게 나타난다. 재한된 해마의 손상에서도 실인증이라는 고전적 신경심리학적 증후가 나타나는데, 이런 종류의 건망증은 수술 이전에 형성된 장기기억에는 전혀 영향을 주지 않는다. 기억손실은 장기파지기능손실에서 두드러지게 나타는데 수술 후에는 더 현저하게 나타난다.

신경학적 통제기능과 같이 정서는 철저한 위계를 형성하고 있다. 그러므로 최상위 정서과정이 하행성 투사계통을 통해 정서에 큰 영향을 준다. 최하위수준은 체계통과 자율운동계통에서 생기는 정서와 관계되는 운동반응의 기반이 된다. 이 반응은 서로 통합을 이루고 만일 그것이 목적 지향적인 것일 때에는 감각입력과 통합된다. 이 후자의 과정은 뇌간과 시상하부에 기반을 두고 있다.

정서표출은 사태변인의 영향을 받는데, 대뇌피질과 변연체계통의 연결을 통해서 나타난다. 변연체계통은 시상하부는 물론 대뇌피질과 밀접한 관계를 유지하면서 정서를 통제한다는 주장은 발견적 가치가 있을 뿐만 아니라 경험적 자료에 의해 그 타당성이 인정되고 있다. 신경심리학적 관점에서 좁게 보면 변연체계통은 정서중추이지만 넓게 보면 상행망양체 부활성계통의 기능과 결합하여 성격특성을 결정한다.

사람의 성격특성 가운데 전문가는 물론 일반사람들의 관심을 끄는 것은 내향성과 외향성이다. 신경심리학자의 주장에 의하면 외향성의 특성은 상행망양체 부활성계통ARAS에 의해서 조정되는 일반 피질각성의 수준에 의해서 결정된다고 한다. 이 피드백환은 외부자극과 피질활동 자체에 의해서 조정된다. 뇌가 받는 하중에 따라 피질은 외부에서 들어오는 자극을 수용하기 위해 통로를 개방하기도 하고 망양체 부활성계통RAS에 이르는 하행성 통로를 폐쇄하기도 한다.

내향성과 외향성의 피질기제는 크게 다르다. 즉, 내향성은 외향성에 비해 일반적으로 각성상태의 수준이 높아서 강도가 낮은 자극에 대해서도 쉽게 각성하게 된다. 변연체계통 혹은 내장 뇌는 해마, 편도, 대상속, 중격, 시상하부를 포함하고 있으며 정서반응을 조정하기 때문에 신경증적 경향성 혹은 정서성의 신경해부학적 기초로 간주되고 있다. 이들 체계는 서로 독립되어 있지 않다. 왜냐하면, 변연체계통의 활동은 전천공질에서 해마에 이르는 대뇌 대회에 있는 연합섬유를 통해 상행망양체 부활성계통을 자극하기 때문이다. 다시 말하면, 피질은 근육, 내장기관, 외적자극으로부터 오는 감각자극이나 혹은 변연체계통에서 발생하는 정서적 자극에 의해서 각성된다.

편도를 자극하여 정동적 공격을 인위적으로 유발시킬 수 있다. 이로 보아 시상하부와 해마는 밀접한 관계가 있는 것으로 유추된다. 이는 복부해마 통로에 의해 연결되어 있다. 그러므로 이를 제거하면 성격상에 현저한 변화가 온다. 즉, 공격성이 감소되고 공포를 유발하는 사물에 대해 공포를 느끼지 않게 된다. 다른 한편, 비정상적인 성행동이 크게 증가한다. 편도는 정서적 반응을 고조시키기도 하고 억제하기도 하지만 편도가 큰 손상을 받게 되면 공격반응과 도피반응이 크게 억제된다. 고양이의 중격에 전기충격을 가하면 공격적 행동이 저지되는 경향이 있다. 이것을 보면 중격에는 제지기능이 있는 것으로 생각할 수 있다.

해마는 공격성과 깊은 관계가 있다. 해마를 인위적으로 자극하면 지나치게 욕심을 부리고, 방어적이며 모성보호를 위한 공격심과 경쟁심이 현저히 증가한다. 해마를 전기적으로 자극하면 도피반응이나 공격반응은 소실된다. 해마의 기능을 이해하기 위해서 원숭이, 고양이, 쥐의 해마를 손상시켜 그 영향을 조사한 연구가 있다. 그 결과, 해마의 손상은 기억능력을 손상시키는데, 사람에게서 나타나는 지적 능력장애 같은 현상은 발견할 수 없다. 그러나 과제가 복잡할수록 해마의 손상은 학습능력과 파지기능을 저하시킨다. 해마는 기억능력은 물론, 동기, 정서행동에도 큰 영향을 준다.

중격이 손상된 동물은 분노식역이 크게 낮다. 이 동물은 외부사람이 우리에 접근해 오면 정서적 각성수준이 높아져서 우리주위를 난폭하게 날뛴다. 이때 우리에 손이라도 대면 저돌적으로 행동한다. 이와 같은 고조된 정서적 행동은 수주가 지나면 소실되는데 주위 환경에 따라 공격적 행동은 점진적으로 소실된다. 이와 같은 행동특성은 동물에 따라 다르다. 중격이 손상되었을 때에는 불합리한 공격 대신 도피하는 동물도 있다.

시상하부는 뇌의 기저에 자리잡고 있는 기관이다. 이 구조는 비교적 작지만 거기에는 자율신경계통, 반사행동의 통합, 내분비계통의 통제, 그리고 종의 생존과 관계되는 행동을 조절하는 기능이 있다. 그러므로 시상하부에는 투쟁, 섭식, 도피, 교배의 4F기능을 통제하는 기관이라고 보기도 한다. 시상하부는 그 명칭이 시사하는 바와 같이 제3실의 하위부 양쪽에 위치하고 있다. 시상하부의 구조는 매우 복잡하다. 이는 많은 핵과 섬유관을 내포하고 있다. 한때 시상하부는 뇌에 자리잡고 있는 정서 센터로만 생각되었다.

시상하부에는 정서적 행동을 유발하고 제어하는 변연체계통을 통제하는 기능이 있다. 다른 한편, 이는 변연체계통의 중심부위에 위치하고 있으면서 다른 부위와 밀접한 관계를 맺고 있다. 이는 말초자율신경계통도 통제한다. 또 뇌하수체에 신경화학적 통제를 가하는 데, 이는 결과적으로 내분비계통의 기능을 제어하는 것과 같다. 다른 변연체계통과 같이 개인의 성격특성이 결정되는 과정에도 직접 관계를 갖는다. 이 점은 이 장의 서두에서 언급하였기 때문에 다시 반복하지 않는다.

시상하부가 손상받게 되면 생존과 관계되는 행동이 파괴된다. 쥐의 측두시상하부가 손상되면 음식과 음료를 섭취하지 못한다. 시상하부의 복측 내부 핵이 손상되면 음식섭취의 통제력이 상실되어 과잉섭취하게 되고 결과적으로 비만으로 이어진다. 더 나아가서 능동적·피동적 회피기능의 결여로 이어진다.

웃음의 신경병리와 비정상적 웃음

비정상적 웃음은 뇌의 신경학적 손상의 결과이다. 불행하게도 아직 우리에게는 정확한 손상부위를 진단할 도구는 물론 정확한 진단명이나 질병분류체계도 없다. 분명한 것은 웃음에는 인간행동의 여러가지 기능이 모두 내포되어 있다는 점이다. 염색체 이상은 비정상적 웃음의 주요 발병요인으로 작용한다. 비정상적 웃음도 매우 일반적인 행동의 한 형태에 지나지 않은 것으로 이해되는 수도 있다. 조증, 정신분열증, 기분장애, 알츠하이머Alzheimer증후군은 그 원인이 매우 복잡해서 이해하기가 어려울 때가 있으나 반드시 그런것만도 아니다.

지금까지 비정상적 웃음은 신경병리학적 지식을 기초로 하여 연구되고 분류되고 있다. 웃음은 물론 기쁨과 같은 긍정적 정서도 뇌의 활동과 밀접한 관계가 있다. 이와 같은 사실은 간질발작의 근원을 찾기 위한 실험과정에서 확인되었다. 뇌가 자극을 받으면 사람은 웃는다. 이때 기쁨을 느끼는 수도 있고 전혀 느끼지 않는 수도 있다.

이와 같은 사실이 확인된 것은 10여 년밖에 되지 않는다. 뇌 자극을 받은 사람은 미소를 짓는다. 아직 우리는 그에 대한 과학적 지식을 갖고 있지 못하다. 뇌 자극을 받은 사람에게 그 당시 어떤 기분이 들었느냐고 물으면 매우 즐거운 생각이 들었다고 말하는 사람이 있는가 하면 행복감이 들었다고 말하는 사람도 있고 어찔어찔한 생각이 들었다고 말하는 사람도 있다. 그 반응은 사람마다 서로 다르다.

수년 전에 매우 신기한 사실이 전문학술지에 발표되어 전문가들을 놀라게 한 일이 있었다. 논문의 내용인즉 파킨슨병 환자가 뇌자극을 받고 매우 기쁜 생각이 들었을 뿐만 아니라 웰빙 수준이 상승되는 것도 경험했다는 사실이다. 1930년대에 발표된 논문에도 이와 유사한 사실이 발표되었는데, 이는 곧 이 분야의 고전으로 자리매김하고 있다. 환자는 뇌에 전기자극이 가해졌을 때뿐만 아니라 제3뇌실의 저변에 전기자극이 가해졌을 때에도 자기도 모르게 웃음이 나오는 것을 경험했다고 보고해 왔다. 전뇌회전 좌측상부가 전기자극을 받았을 때에도 환자는 웃으며 매우 특이한 행동을 한다. 그 근처의 뇌 부위가 전기자극을 받았을 때에는 언어와 손운동이 제지된다.

환자가 뇌자극을 받는 장면이 BBC TV에 소개된 적이 있다. 물론, 이 장면은 환자도 같이 보았다. 환자에게 어떤 느낌이 들었느냐고 물었다. 환자는 자신이 웃는 장면을 보고도 왜 웃었는지를 알지 못한다고 말했다. 그것은 별로 즐거운 장면은 아니었다. 다만, 자신이 웃고나니까 그것을 즐겁게 느꼈다고 대답하였다.

캐나다의 신경과의사 Wilder Penfield가 50여 년 전 뇌피질자극기술을 개발하였다. 피질간통자극기술이 발달되면서 초점성 피질자극법 대신 널리 활용되었다. 그러나 웃음 유발기능에 대한 지식을 얻는 데에는 도움이 되지 못하였다. 그 이유는 매우 다양하다. 그 가운데 웃음 그 자체가 매우 복잡한 현상이기 때문이라는 것도 한 가지 이유가 될 수 있다. 그렇기 때문에 뇌의 어떤 특정영역을 자극해서 웃음을 유발시킬 수가 없다. 이것은 가공적인 자극이지 자연적 자극은 될 수가 없다.

중뇌와 뇌교는 정서표현에 필요한 구조와 의지적 정서표현에 필요한 구조를 분명하게 구분해주는 기능을 한다. 이들 영역의 복측부위가 손상되면 정서장애가 온다. 즉, 손상을 받은 사람은 자의적으로 조정가능했던 안면표정이 마비되어 정서표현이 손상되거나 과다해지는 결과를 가져온다. 척추영역이 손상되면 정서표현이 불가능해진다. 기초신경절이나 혹은 내적 피막이 손상되면 병적으로 지나치게 웃거나 자의적 근육운동이나 정서표현이 마비된다. 시상이 손상되면 정서표출이 마비되지만 자의적 근육운동이 마비되거나 병적으로 웃거나 울지는 않는다. 그러나 전두엽이 손상되면 병적으로 웃는다.

웃음에 있어서 시상하부의 기능이 매우 중요하다는 사실이 시체해부의 결과에서 밝혀졌다. 이때 가짜웃음이라는 용어를 쓰는데, 이는 간질의 일종인 웃음간질에서 나타나는 일종의 웃음이다. 웃음간질 환자는 간질발작은 거의 없고 심한 웃음이 주증상으로 나타난다. 병적 웃음인 웃음의 구상자동성은 정상적인 환경에서는 안와전두영역과 측두피질영역의 통제를 받는다. 이는 시상하부를 통해 구상망양체를 거치게 된다. 여기서 시상하부는 웃음의 중추가 아니다. 그럼에도 불구하고 변연체계통과 구상망양체가 손상되면 병적으로 웃는 현상이 나타난다. 비정상적 웃음을 유발하는 주요 요인으로는, ① 기저신결절을 포함하는 내적 피막의 손상, ② 외충체와 연결되어 있는 흑질의 손상, ③ 시상하부의 미부손상, 그리고 ④ 추체로의 손상 등을 들 수 있다.

웃음은 뇌의 특정영역 활동과 깊은 관계가 있다는 사실이 간접적 실험연구에 의해 발견, 확증되었다.

이는 그런데로 훌륭한 가치가 있는 발견이다. 그들의 연구에 사용된 웃음의 자료는 대부분이 인간의 웃음을 직접 측정해서 사용한 것이 아니다. 그들은 웃음을 소재로 한 만화, 코믹한 장면을 그린 만화에 대한 개인의 감정평가 자료를 실험자료로 사용하였다. 그렇기 때문에 간접적 실험연구라고 볼 수밖에 없다. 이것이 많은 사람의 비판의 대상이 될 수밖에 없다.

동물의 웃음에 대한 연구결과는 많은 사람의 비판을 피할 수 없었다. 불행하게도 그들에게는 웃음에 수반되는 뇌의 활동변화를 가져오는 과정을 알아내는 방법이 없었다. 다행히 '사회적 신경과학'의 발달로 어려움이 해결되었다. 1980-1990년대에 연구개발된 기능적 자기공명 영상법fMRI으로 뇌와 인간행동과의 관계는 보다 확실하게 그리고 보다 과학적으로 연구할 수 있게 되었고 그것을 통해 새로운 사실이 많이 밝혀졌다. 몇 가지만 살펴보자.

청소년의 반사회적 행동, 폭력, 범죄의 뿌리는 뇌의 손상에 있다는 사실이 밝혀졌다. 폭력자의 세로토닌 분비수준은 정상인의 반도 되지 않는다. 세로토닌의 이상분비는 정서행동과 관계되는 변연체계통, 사고·지능과 같은 고등정신기능과 관계되는 전두엽의 활동손상으로 이어진다.

살인자나 강도는 자신의 정서를 통제하지 못한다. 그것은 편도계의 낮은 활동수준 때문이다. 편도계가 손상되면 호흡이 빨라지고 우울해지고 불안해진다. fMRI의 등장으로 사회적 신경과학자의 연구활동은 크게 진전되었다. 인간의 웃음에 대한 연구도 활기를 띠게 된 것은 분명하다. 웃음이 뇌의 특정영역의 활동과 어떤 관계가 있는지 보다 확실하게 밝혀질 것이다.

웃음간질병

　웃음간질병은 간질발작에 수반되는 웃음이지만 사실은 간질발작보다는 웃음이 주 증상을 이룬다. 때로는 일반자동적 각성운동과 자동증과 함께 나타나기도 한다. 때로는 의식장애가 수반되기도 한다. 이와 같은 비정상적 웃음에는 간혹 배뇨가 수반되는 수가 있다. 웃음발작에 수반되는 환자의 웃음은 극히 정상으로 보인다. 이 웃음은 옆사람에게 전파되기도 하고 환자 자신은 행복감을 경험하기도 한다. 이 발작성 웃음은 매우 기계적인 것으로 자연스럽지 못하다. 웃음발작이 있을 때 쾌감과 같은 긍정적 정서를 경험하는 사람이 있는가 하면 부정적 정서를 경험하는 사람도 있다.

　지금까지 웃음간질병 연구에 EEG를 사용하였지만 아직까지 간질발작을 일으키는 두개頭蓋 내의 정확한 위치를 탐지해내지 못하고 있었다. 사회적 신경과학의 발달로 CT/MRI를 사용하여 간질발작에 수반되는 뇌의 부위를 부분적으로 확인할 수 있게 되어 웃음간질병은 환자의 시상하부성 과오증을 중심으로 연구가 진행되고 있다.

광적 웃음의 전구증상

비정상적 웃음의 전구증상은 1903년 프랑스 의사 Féré, M. C. 에 의해 최초로 알려졌다. 이 웃음은 대뇌국소적 빈혈의 산물로 이해되었다. 이 웃음은 한 번 터지면 환자 스스로 자의적 통제가 불가능하다. 낄낄거리거나 울다가 궁극적으로는 뇌졸중에서 나타나는 편측마비 혹은 실어증 증후로 변한다. 이 증후는 ① 뇌교근, ② 시상하부, 해마, 편도와는 무관한 좌측부해마회, 파측후부시상, 내포인제부위의 손상, ③ 복측섬과는 무관한 좌측 렌즈 핵, 그리고 ④ 중부피질동맥의 손상에서 기인한다. 이러한 비정상적 웃음은 제지뉴런의 손상에서 기인할 가능성이 매우 높다. 이러한 원인에서 기인한 비정상적 웃음도 간질발작과 밀접한 관계가 있다.

비정상적 웃음은 간질발작적 웃음이나 광적 웃음의 전구증상으로 한정되지 않는다. 부적절하고 통제할 수 없는 미소가 지속적으로 나타나는 것도 있다. 이러한 현상을 바탕으로 다른 비정상적 웃음을 정의하는 기준도 있다. 즉, 비정상적 웃음이란 ① 비특정자극에 대한 반응, ② 그에 상응하는 감정변화가 수반되지 않은 웃음, ③ 자의적 통제가 불가능한 웃음, 그리고 ④ 감정 웃음과 전혀 무관한 웃음이다. 그 외에도 ① 불순의적 웃음, ② 구증상, ③ 부적절한 웃음, ④ 비간질병적 웃음, 그리고 ⑤ 정서적 일관성 결여에서 오는 웃음이 있다.

일반적으로 비정상적 웃음은 그 환경에 걸맞지 않는 것이 특징이다. 환자 자신도 그것을 잘 이해하지만 자의적 통제가 불가능하다. 하찮은 자극이 비정상적 웃음을 유발하기도 한다. 경우에 따라서는 웃음이 정서의 표현이 아니라 정서를 유발하는 요인으로 작용하기도 한다. 슬픈 소식을 듣고 웃기도 하고 반갑게 악수를 하면서 울기도 한다. 비정상적 웃음은 정서적 변화의 요인으로 간주될 수는 없다. 그러나 이는 정서적 표출에 수반되는 근육운동의 한 장애로 생각할 수 있다.

비정상적 웃음에는 전두근의 수축이 일어나 웃음과 동시에 상을 찌푸리기도 한다. 따라서 그의 얼굴표정이 긴장되어 보인다. 이 과정에서 본인이 앞 이마를 수축하는 것이 자의적으로 안면운동을 통제하기 위한 것인지 그것이 아니면 미소를 짓다가 웃음을 짓는 것인지는 확실하지 않다.

비정상적 웃음은 단순히 정서의 안면표정이 과장되어 나타는 것부터 큰 소리를 내서 웃는 것까지 여러가지 종류가 있는데, 이는 특별히 제작된 측정기를 사용하면 비교적 정확하게 측정할 수 있다. 비정상적 웃음은 신경전달물질의 일종인 세로토닌과 도파민을 투여함으로써 상태를 호전시킬 수 있다. 이와 같은 현상을 보면 도파민에는 긍정적 정서를 유발하는 기능이 있다는 사실을 쉽게 이해할 수 있다.

안드로니쿠스의 웃음

안드로니쿠스의 웃음은 W. Shakespeare의 비극작품 속에서 로마제국의 한 장군으로 등장하는 Titus Andronicus의 이름에서 유래한 것이다. 그는 전쟁터에서 되돌아온 절단된 자기 손과 두 아들의 목을 보고 깔깔대고 웃었다. 이러한 부적절한 웃음은 단순히 극작가의 추상물에서만 볼 수 있는 것이 아니다. 비극적 환경에

작품의 표제

서 생활하는 사람은 죽음에 직면하면 이렇게 웃는다. 장례식장에서 극히 태연하게 웃는 사람도 있다. 이러한 웃음은 사회적 환경과는 전혀 무관할 수도 있고 간질성 뇌를 전기적으로 자극하였을 때에도 나타난다. 이 웃음은 괴상한 웃음임에는 틀림없다. 결코 정상적인 웃음은 아니다. 그것은 유전인자는 물론 신경전달물질의 이상분비와 매우 밀접한 관계가 있다.

쿠루병

1957년 11월 11일자 미국 시사주간지 『Time』에는 쿠루병이 '웃는 듯한 죽음'이라는 표제로 소개되었다. 이 병은 뉴기니아 고지대지방의 주민에서 나타나는 치명적인 바이러스성 뇌신경병의 한 종류이다. 이 병에 걸린 환자는 자신의 기쁨을 억제하지 못하는 것이 한 특징인데 초기에 사망하는 사례가 많다. 쿠루병에는 이해하기 힘든 마법성과 잔인성이 따르기 때문에 인류학자의 관심을 끌어왔다. 이와 같은 특성의 의학적 기반을 파헤친 사람은 미국 의사 Carleton Gajdusek1923- 이다. 그는 의사, 인류학자, 세균학자로서 1976년에 노벨의학상까지 받았다. 그의 자세한 연구결과는 『New England Journal of Medicine』과 『National Enquirer』에 잘 소개되어 있다.

쿠루병에는 토속어로는 떨린다는 의미가 내포되어 있다. 이 병은 주로 성인 여성에게 잘 감염된다. 이 병은 1950년 후반에서 1960년 초반까지 사망률이 높은 질병이었다. 왜냐하면, 토착민들은 쿠루병의 원인을 원수를 앙갚음하는 종교적 관습에서 찾으려고 하였기 때문이다. 쿠루병에 대한 관심은 날로 커져만 갔다. 쿠루병의 병원체는 자가재생하는 단백질로서 죽은 친척의 식인관습에 의해 유전된다고 알려졌다.

대개의 경우 쿠루병에 의해 사망한 여성의 시체는 요리의 재료가 되었고 뇌는 전염성이 강한 인체의 일부로 간주되었다. 쿠루바이러스의 잠복기간은 4~26년으로 매우 길며 사람들에게는 질병에 감염되는 것을 예방하는 기능이 있다고 믿고 있다. 이와 같은 쿠루병에 대한 마법적 가설은 유전학자, 영양학자, 세균학자, 그리고 동물학학자에 의해 많이 제시되었지만 신빙성이 높거나 확인된 결과가 나온 것이 없다.

쿠루병은 식인습관이 쇠퇴함에 따라 점차적으로 사라지게 되었다. 그렇지만 쿠루병과 유사한 전파성 해면성 뇌질환TSE에 대한 두려움에서 완전히 해방되지 못하고 있다. 왜냐하면, 양의 이질, 소의 뇌질병인 광우병이 이와 유사한 원인에 의해서 발병되고 있기 때문이다. 우리가 죽은 고기를 기피하는 데에는 매우 합리적인 이유가 있다는 사실이 역사학자, 작가인 Richard Rhodes1937- 의 『죽은 축제』에 잘 설명되어 있다. 우리가 식당에서 고기를 주문할 때 잘 익혀달라고 주문하지만 이것은 열에 대한 저항이 강한 광우병 바이러스로부터 안전성을 보장받을 수는 없다.

쿠루병 초기의 환자에서는 몇 가지 행동특성이 나타난다. 즉, 과도한 웃음을 짓기도 하며 과도한 감정을 표시하기도 한다. 발작적으로 기쁨을 나타내기도 하며 때로는 괴상한 몸짓을 한다. 넘어지면서도 웃음을 잃지 않는다. 기분이 충천되어 있다. 그 구조나 사회적 내용은 극히 정상적이다. 그들의 웃음의 빈도는 정

상인의 웃음에 비해 보다 더 높고 웃음 그 자체가 발작과 무관
하다.

쿠루병이 진전됨에 따라서 통제가 불가능할 정도로 몸이 떨
린다. 상태가 더 악화되면 주위 사람들과의 의사소통이 불가능
해진다. 차분히 앉아 있을 수도 없고 음식을 섭취하는 것도 불
가능해진다. 상태가 더 악화되면 목숨을 잃게 된다. 그 상태가
악화되면 기관지 폐염, 괴저와 같은 상태에 이르게 되는 수도
있다.

쿠루병적 웃음의 원인은 특정한 뇌부위 손상에서 찾기가 매
우 어렵다. 왜냐하면, 뇌기능 쇠퇴의 범위가 너무 넓고 뇌신경
의 장애가 너무 심하기 때문이다. 발작, 외상, 혹은 특정자극에
의한 웃음에 대한 연구에서 초점성 뇌영역이 깊이 관여되고 있
다는 사실이 발견되었다. 이는 쿠루병의 증후와 밀접한 관계가
있다. 그러나 쿠루병 한 가지만으로는 환희의 감정은 유발되지
않는다. 기쁨을 느끼나 안면표정 변화가 수반되지 않은 웃음은
망강성 중독의 증후다. 이는 모로코에서 발견된 신경학적 장애
로써 점진적으로 진행하다가 목숨을 잃는 질병이다.

이 질병의 증후로는 세련되지 못한 몸짓, 지나치게 강한 반사,
느린 말, 그리고 지나친 감정표현인데 여기에는 슬픔보다는 의
기충천감이 더 많이 따른다. 이 병의 환자들이 모이면 이런 웃
음이 순식간에 전파되는데 이는 그 상황과는 전혀 어울리지 않

는다. 이러한 독성 증후는 경련성 웃음이라고 부르는데 웃음에는 의기충천감과 미소가 수반되며 자의적 통제가 불가능하다. 이에 대한 신경학적 기제는 확실하게 알려진 바 없다. 다만, 쿠루병의 증후와 매우 유사하다는 것을 알 수 있을 뿐이다.

조소적 웃음

조소적 웃음은 상대방을 신랄하게 비웃는 웃음이다. 고대 사람들은 이 병의 원인을 이탈리아에서 성장하는 맹독성 풀잎에서 찾고 있으며 그것은 하찮은 웃음이나 미소와 관계되는 것으로 생각하였다. 이 맹독성 풀잎이 가지는 독소적 영향은 고대 사람들에게 널리 알려졌다. 왜냐하면, 거기에서 유래된 표현들이 트로이 전쟁 후 오디세우스의 방황을 노래한 기원전 10세기의 그리스 시인 Homer의 서사시 『오디세이』에서 널리 활용되었기 때문이다. 오디세우스가 분노에 직면하였을 때 조소가 가득한 웃음을 지었다는 기록도 그 가운데 하나이다.

기원전 2세기에 그리스 시인 Pausanias는 사디나를 주제로 한 작품에 이렇게 쓰고 있다. 즉, 여기에는 한 씨앗을 빼고는 합법적인 약제는 하나도 없다. 생명을 잃은 약초는 셀러리 같이 보이나 그것을 먹으면 웃음으로 사망에 이르게 된다. 때문에 호메

로스나 당대의 사람들은 그것을 조소적인 웃음과 같이 매우 불건전한 것으로 간주하고 있다. 이 신비스런 약초에 대한 자세한 것은 아직 알려져 있지 않고 그 효과도 역사에서 사라져가고 있지만 냉소적 웃음을 문자 그대로 해석하면 '살디니아의 웃음' 이며 단순한 웃음으로 여겨지고 있다. 이 증후는 현대의학에서 사용하는 파상풍과 스트리크닌 중독의 주요 증후와 매우 유사하다.

추측컨대, 『오디세이』에 소개된 바와 같이 이 목초는 웃으면 얼굴을 찌푸리게 하고 발작 중에는 숨을 헐떡거리는 증상을 일으킨다. 스트리크닌과 파상풍 독소는 박테리아에 의해서 생성되고 클로스트리둠테타니는 신경계통의 흥분을 일으키는데, 이는 신경활동의 손상결과로, 자동차의 브레이크가 고장났을 때 언덕을 굴러 내려오는 현상과 비교할 수 있다.

웃음의 가스

다음에는 '웃음을 유발하는 가스'에 대한 이야기를 소개하겠다. 영국의 시인 Robert Southey1774~1843와 그의 동료 시인 Samuel Taylor Coleridge1875~1912에 의하면 우리에게 무엇보다도 더 큰 기쁨을 주는 것은 아산화질소N_2O라고 한다. 이는 1772년에 Joseph Pristley에 의해 발견되었고 1846년에는 치과의사 Horace Wells1815-1848가 환자치료에 활용하였다. 이를 계기로 이 것은 치과의사가 흡입하는 마취약으로 널리 사용되게 되었다. 1799년 영국의 약사 Humphry Dary1778-1829가 이 가스를 흡입하 고 최고의 웰빙감을 경험하였을 뿐만 아니라 긴장상태에서 이 완되는 경험을 하였다.

1800년 초부터 미국에서는 이러한 웰빙감의 경험을 시도하는 사람들이 부쩍 증가하였다. 약학전공 대학생과 의학전공 대학 생들이 즐길 목적으로 웃음의 가스 파티와 에테르에 의한 유쾌 한 모임을 조직하였다. 순례자, 교수, 철학자, 그리고 응용약학자 들이 시가지를 돌아다니면서 약학을 주제로 강연도 하고 질소 산이나 에테르를 통해서 얻은 즐거운 경험을 공공연하게 자랑 하고 나섰다.

가스 중독자는 웃음통제가 불가능하였고, 비틀거리며 시가지 를 활보하고 친구나 보행자와 함께 이야기를 나누기도 하였다. 이와 같은 웃음의 가스 쇼는 광고매체를 통해 널리 소개되었다. 1820-1830년 사이에 웃음의 가스 혹은 환희의 가스에 대한 광고 가 홍수를 이룬 적이 있었다. 웃음의 가스 쇼맨 가운데 한 사람 인 Coult 박사는 1830년대에 연발식 권총을 발명해 이름을 날리 기도 하였다.

웃음의 가스는 마취제 개발의 기반이 되었다. 치과의사

Horace Wells는 웃음의 가스 쇼를 관람하는 치과환자는 통증을 느끼지 못한다는 사실, 또 치과치료를 받은 환자의 경우 발치 전날 가스를 흡입한 환자는 발치에 따른 통증을 느끼지 않는다는 사실을 발견하였다. 이와 같은 사실을 바탕으로 1844년 12월 11일에는 무통 치과의사가 최초로 등장하였다. 에테르 마취법도 치과의사 William Morton1819-1868에 의해서 환자치료에 쓰이기 시작하였다.

에테르 마취효과의 발견으로 아산화질소 혹은 웃음 가스, 아산화질소N_2O도 치과 영역에서 치통통제수단으로 널리 활용하게 되었다. 아산화질소를 자기 스스로 흡입하다가 의자에서 쓰러져 목숨을 잃는 치과의사도 있었다. 이는 가스마스크가 얼굴에 찰싹 붙어서 중독가스의 영향을 받은 치과적 열반의 경지에 이르기 때문이다. 이 중독성 가스를 널리 전파시키는 데 크게 기여한 사람은 영국의 시인 Samuel Taylor Coleridge1772-1834와 Robert Southey1774-1843이다.

웃음가스의 위력은 시인하지만 그 기제는 아직 확실하지 않다. 아산화질소는 뇌의 웃음중추를 자극해서 웃음을 야기시키는 것일까? 물론 그것은 아니다. 왜냐하면 가스에 의해 웃음이 유발될 수는 없다. 그리고 만일 웃음의 중추가 각성되면 웃음은 통제가 불가능하다. 그러면 만일 아산화질소가 웃음의 중추를 자극하는 것이라면 그것이 어떻게 웃음을 유발시키는지 이에 대한 대답은 매우 어렵다. 왜냐하면, 아산화질소나 흡입한 마취제가 효과를 발휘하는 과정이나 그에 소요되는 시간은 알려져 있지 않기 때문이다. 강한 아산화질소와 무통각증은 뇌 자체에서 공급되는 엔도르핀에 대해서도 예민하게 반응할 수도 있다. 무통각증은 엔도르핀가설에 의해서 만족하게 설명되지 않는다. 왜냐하면, 아편은 기분을 고조시킬 수는 있지만 웃음을 유발하지는 않기 때문이다.

웃음을 유발하는 다른 약제, 예를 들면 마리화나, 해시시, 알코올, 에테르, LSD도 탈제지제나 흥분제와 결합하면 웃음을 유발하는 효력을 발생할지도 모른다. 웃음을 유발하는 아산화질소에는 약리적 기능은 물론 심리적 기능도 있다. 이는 즐거움을 유발하는 기능이다.

마지막으로, 웃음의 가스 교수로 알려진 Gardner Quincy Colton1814~1898은 어떤 사람인가 살펴보자. 그는 1844년에 Horace Wells1815~1848에게 아산화질소의 개념을 소개하였고 말년에는 무통치과 시술자의 길을 걸었다. Colton은 치과시술과정에서 웃음의 가스에 포함된 놀라운 사회적·심리적 결정요인을 발견하였다. 그의 주장에 의하면 아산화질소, 웃음의 가스를 흡입한 사람은 웃기도 하고, 노래도 부르고, 춤도 추고, 연설도 하고, 그리고 싸움질을 하기도 한다고 한다.

Joseph Margolis1924~ 와 J. Clorfene의 한 공동저서 『아이들의

푸른 정원』은 마리화나 복용자를 위해 쓰여진 핸드북이다. 이 책에는 가장 큰 즐거움을 주는 것은 마리화나라고 기술되어 있다. 또, 그들의 주장에 의하면 우리 마음 속에는 조그마한 반점이 있다. 내가 즐거운 것을 생각하게 되면 풀 모양으로 생긴 레이더의 작용에 의해 이 조그마한 반점이 전파되는데, 모든 것이 다 즐겁게 느낄 때까지 그 조그마한 반점이 퍼져간다고 한다.

마리화나 중독은 1960년대에 등장한 문화적 산물이 아니다. Abel, E. L의 저서 『마리화나: 초기의 12000년』에 소개된 바와 같이 마리화나가 우리 생활에 파고든 역사는 매우 길다. 마리화나와 인도 대마초로 만든 마취제인 해시시가 우리 생활에 파고 든 역사에 비해서 아산화질소가 우리 생활에 파고 든 역사는 비교적 짧다. 해시시에 대한 기록은 초기 아랍작품에 등장한다. 19세기 이집트의 환상적 웃음의 집이라고 불리워졌던 카페에서는 자유롭게 해시시를 즐길 수 있었다.

심한 웃음, 분노 또는 흥분은 탄력발작을 일으킨다. 이는 갑자기 힘이 빠져 움직일 수 없게 된 상태이다. 탄력발작이 일어나면 근육의 힘이 완전히 빠지는데, 그것은 수초에서 30분까지 지속된다. 발작이 일어나면 환자는 처음 수분 동안 정신은 멀쩡한데 기력이 완전히 빠진다. 중간 정도의 발작은 쉽게 눈에 띄지 않고 눈꺼풀이 축 처지고 턱과 머리가 축 처지는 것이 눈에 띈다. 그래서 탄력발작은 쉽게 발견할 수 있다.

   영장류의 한 비밀 **웃음**

기면증 환자의 70~80%가 탄력발작으로 고통을 받는다. 기면증은 주간에도 급작스럽게 심한 졸림이 오는 상태이다. 수면장애자 중 탄력발작을 일으키는 것은 기면발작뿐이다. 탄력발작증이 사람에서 웃음의 기능이 위축되어 있는 것을 발견할 수 있다. 이와 같은 사실은 O. S. Overeem이 그의 동료와 같이 근력을 통제하는 신경기제인 H반사의 연구에서 밝혀졌다. 이를 토대로 우리는 육상경기 직전이나 혹은 신체적 도전 직전에는 웃음을 삼가하는 것이 바람직한 것이 아닌가 생각해 볼 수 있다.

안젤만장애

안젤만장애는 영국의 소아과의사 Harry Angelman의 이름에서 유래한 것으로 이는 '행복한 작은 인형 병'으로도 널리 알려졌다. 이는 매우 희귀한 유전에 의한 신경장애이다. 행복한 작은 인형은 비열하고 그의 손발운동은 눈에는 띄지 않은 조정자에 의해 조정된다. 그럼에도 불구하고 주위의 사람들은 그를 수줍어하고 순진하게 웃거나 미소를 짓는 것이 특징이라고 생각한다. 그러나 그것은 그의 행동특성을 잘못 판단한 결과이다.

어머니나 가족은 그 아이의 행동에서 이상한 점을 쉽게 발견할 수 있다. 즉, 그 아이는 한참 동안 누워 있다가 벌떡 일어나

수분 동안 껄껄대고 웃는다. 그의 웃음은 얼핏보기에는 매우 자연스러워 건강한 정상아동의 웃음과 전혀 다르지 않다. 그러나 그의 어머니나 가족들은 그의 웃음을 정상적인 것으로 생각하지 않는다. 왜냐하면 그의 행동에서 이상한 점이 발견되기 때문이다.

그는 방안에 진열된 가구를 보고도 30~40분간 폭소를 터트린 경우가 많고, 심신발달이 심하게 지체되었고, 과잉활동적이며, 발작을 일으키기 쉽고, 최면에 걸리기 쉬우며, 무의미한 행동을 되풀이한다. 그의 웃음과 울음은 자신의 신체적 정서적 상태의 표출이다. 그러나 그것은 정상적인 발성언어와는 크게 다르다. 그의 어머니의 기억에는 그가 유아기에 울고, 재잘거리는 빈도가 다른 아이에 비해 매우 낮았다는 사실이 남아 있다. 이는 언어에 의한 의사소통 결함의 조기 신호이다. 이들은 간단한 명령에 따르기는 하지만 언어이해의 기능은 3~6개월까지도 정상아의 발성수준에 이르지 못한다.

안젤만 장애자의 의사소통 특성을 이해하기 위해서는 그의 웃음 특성을 이해해야 할 필요가 있다. 그럼으로써 그의 인지적 정서적 특성을 쉽게 이해할 수 있다. '행복한 작은 인형 병' 환자는 정말로 행복한가? 그들이 사용하는 말은 정상인의 말과 큰 차이가 있는가? 그들의 말은 이미 우리에게 알려진 것과 같이 돌발적이고 통제 불가능한 것인가? 또, 그들의 말은 불규칙

   영장류의 한 비밀 **웃음**

적인 사회적 물리적 자극에 의해 유발되는가? 그들은 다른 사람 앞에서도 자신이 방에 혼자 앉아 있을 때와 같이 자연스럽게 웃을 수 있을까? 이와 같은 질문에 대한 명확한 해답은 연구문헌에 발표된 것은 찾아보기 힘들다. 그러므로 많은 임상경험을 가진 통찰력이 풍부한 전문가나 가족의 관찰자료가 이들을 진단하고 치료하는 데 큰 비중을 차지할 수밖에 없다. 안젤만 장애자의 웃음에서 정상성인의 웃음연구에 귀중한 정보를 얻을 수 있다.

안젤만 장애자는 매우 흥미있는 유전적 비밀을 간직하고 있다. 장애자의 남녀비율은 거의 비슷하다. 이점은 여성에서만 발병하는 레트병과 큰 대조를 이룬다. 불행하게도 지금까지 우리에게는 안젤만 장애자의 웃음을 유발하는 자극에 대한 과학적 지식이 없다. 다만 그들의 웃음은 그들만이 경험하는 특이자극에 대한 반응인 것으로 이해하고 있다. 그들의 웃음은 발작적인 것으로 환자 자신이 스스로 통제하는 것이 불가능하며, 단순한 뇌의 발작에 의해 발생하는 것이 아님은 신경과학자에 의해서 입증되었다.

발작유발성 웃음

　발작유발성 웃음은 흔하지 않다. 간질병 환자에서나 간혹 발견할 수 있다. 항공전문 학술지인 『*Aviation, Space, and Environmental Medicine*』에 소개된 한 사례를 보자. 한 항공견습생이 자신의 단독비행 가능성을 점검해 보기 위해 편대비행을 해 보았다. 그의 비행연습은 그가 큰 소리를 내서 웃기 전까지는 순조로웠다. 그러나 큰 소리를 내서 웃고 난 뒤에는 그 비행기는 다른 비행기에 접근하기 시작했다. 그때 교관은 사고방지를 위해 그 비행기를 피하도록 지시하였다. 이 견습비행사의 비행은 중단되고 곧 비행사에 대한 신경학적 검사가 시작되었다. 검사결과에서 이 증후는 18개월 전에 이미 시작되었다는 사실을 발견할 수 있었다. 그는 잠자리에서 큰소리를 지르며 웃는 일이 흔히 있었다. 이 때문에 같은 방에서 잠자는 동료 비행사는 물론 자기 자신도 더 이상 잠을 계속 잘 수 없었다.

　이와 같은 그의 수면발작의 특성은 비디오테이프 녹화에서도 발견되었다. 처음에는 미소를 짓다가 옆으로 구르다가 다시 웃고 오른쪽 다리를 왼쪽 다리에 올려놓는데 마치 태아의 운동모습과 유사하였다. 다시 베게를 고르고는 잠이 든다. 잠자지 않고 각성하고 있을 때에는 통제가 불가능할 만큼 웃고 미소를 짓기도 하고 회합할 때는 폭소를 짓는다. 물론 본인 자신은 그 사실을 기억하지 못한다. 사실 그 웃음이 보통 10초 이상 지속된다. 주의집중력과 청력이 떨어져도 웃음의 감각은 전혀 떨어지지 않는다. 각성기간에 일어난 웃음발작에 수반된 신경학적 변화를 검사해 보면 다리 부위가 규칙적으로 긴장되고 발작이 일어나는데 그것이 이상뇌파로 감지된다. 그의 발작은 항 발작제인 페니토인으로 통제되지만 전조는 통제되지 않는다.

이 비행사의 증후는 웃음간질병의 증후와 매우 유사하다. 이는 흔한 것은 아니다. 다른 간질병과 같이 뇌에서는 대량의 동시성 신경부화현상이 일어난다. 웃음발작이 일어나면 눈에 보이지 않은 어떤 물체에 의해 자기의 몸이 조절되고 있는 것과 같은 느낌이 들고 그것은 곧 정서를 수반하지 않는 웃음으로 이어진다.

이들도 다른 일반 뇌장애자와 같이 신어조작을 통해서 자신의 감정을 표출하려고 시도한다. 웃음발작은 수초에서 수분 간 지속된다. 그 기간은 별로 길지 않으나 하루에 20회 이상 발작이 일어난다. 웃음발작이 일어나면 자기 자신도 모르게 울기도 하고 팔을 휘젓기도 하고, 무릎을 부딪치기도 하고 방에서 뛰쳐나가기도 한다. 방에서 뛰쳐나가는 것은 공포와 같은 정서와 신경계통이 밀접하게 관계되어 있기 때문이다. 그들은 방에서 뛰쳐나감으로써 자신을 보호할 수 있다고 생각하기 때문이다.

지금까지 발표된 연구결과는 많은 도전을 받고 있다. 웃음 간질병은 단일장애가 아니고 여러 장애가 복합된 장애일 뿐만 아니라 몇 가지 특이한 점이 있다. 즉, 일반적 불수의적 웃음의 요인과도 깊은 관계가 있다. 증후의 변화가 매우 심하며, 뇌파의 변화도 심하다. 정서적 상태가 수반될 수도 있고 그렇지 않을 수도 있다.

웃음의 발작은 경련 발작 전, 발작 중, 혹은 발작 후에 일어난다. 경우에 따라서는 발작과는 무관하게 뇌의 여러 영역, 특히 시상하부와 전두엽의 뇌파에 변화가 온다. 웃음과 유관한 사건의 각성은 정서의 특성과는 무관하다. 어떤 발작은 시상하부, 시상 혹은 뇌간의 손상에서 기인하는 경우가 있다. 발작에 수반되는 정서적 상태는 전두엽 손상과 깊은 관계가 있다. 웃음의 발작이 있을 때 유쾌한 기분과 웃음이 동시에 야기되는 것을 인지하지 못한다. 이는 자신의 주관적 발작은 기억하지 못하기 때문이다.

근위축성 측색경화증

근위축증ALS 혹은 로우 게리그Lou Gehrig병미국의 야구선수 Henry Lou Gehrig(1903-1941)의 이름에서 유래됨로 알려진 근위축성 측색경화증은 점진적으로 진행되는 치명적 신경원장애의 일종이다. 현재 투병중인 환자 가운데에는 세계적으로 유명한 영국의 케임브리지 대학교 천체물리학자 Stephen Hawking1942- 이 있다. 그의 지능, 감각기능 그리고 사고기능은 건제하지만 그의 신경계통은 통제가 불가능하다. 자신의 주요 신체기능은 전혀 통제가 불가능하다. ALS 환자 가운데에는 정서적 표출이 불가능하기 때문에 부적절한 농담을 하기도 하고 부적절한 정서노출 때문에 주위 사람들이 놀라는 일이 있다.

　ALS장애의 특성은 Francis McGill의 한 보고서 『*Report from the Land of ALS*』에 보다 자세히 기록되어 있다. 이 보고서는 저자 자신의 ALS증후와의 투병기록이다. 이 보고서에서 환자 자신은 내면의 폭풍우에 직면한 것 같이 느끼고 있으며 다른 한편으로는 정서통제가 어렵고 욕구좌절을 극복하는 데 지친 기분이라고 서술하고 있다. 그는 의자와 같이 사소한 물건에 주의를 집중함으로써 정서장애를 극복하는 데 부분적 도움을 받았다고 기술하고 있다. 그러나 그의 얼굴표정이나 표출된 정서를 보면 브레이크가 고장 난 자동차를 세우기 위해 힘을 쏟는 운전자와 크게 달라 보이지 않는다. 간혹 큰 감정 변화가 오는 수도 있다. 이 환자의 서술을 통해서 관찰된 그의 행동특성과 주관적 기분상태는 크게 다름을 알 수 있다. 환자의 과잉활동적 정서는 우울증이나 경조증에서 나타난 정서표출과는 크게 다르다는 점도 이해할 수 있다.

광 기

　광기의 본질을 잘 분석해 보면 웃음도 쉽게 이해할 수 있다. 환자는 사회적 비난을 피할 수 없는 사태에 직면하였을 때에도 무분별하게 킥킥거리며 웃는다. 이와 같은 현상은 오래 전부터 원자론의 창시자와 의학자의 주요 토론의 대상이 되었다. 최고의 창의적이며 지적인 인물의 한 사람으로 역사에 기록되어 있는 그리스의 철학자 Democritus of Abdera460~370 B.C.의 주장에 의하면 이 우주를 구성하는 것은 분자라고 한다. 그는 명석한 사람으로 알려져 있지만 그에게는 사람을 빈정대고 비꼬는 버릇이 있는 것으로 역사에 기록되어 있다. 그는 인습에 얽매이거나 즐거움에 푹 빠져드는 일이 없다. 그에게는 이상한 행동을 하며 깔깔대고 웃는 버릇이 있다. 그때마다 Abederites 같은 그의 친구들은 그가 광인이 될까 두려워 새로 등장한 의술전문가인 Hippocrates의 진단을 받아 볼 필요가 있다고 느꼈다.

　상당한 시간이 지난 후에도 그의 친구 Abederites는 Democritus와 함께 인간본성의 결함과 불합리성을 중심으로 토론을 가진 적도 있었다. 이때 Hippocrates는 물론 도시민들은 그의 행동은 매우 정상적이며 건전하다고 판단하였다. 그러므로 전혀 근심할 필요가 없는 것으로 판단되었다. 이를 계기로 Democritus는 웃는 철학자로 인정되었는데, 이는 고대 희랍의

한 식민지였던 아이오니의 철학자 Heraclitus가 우는 철학자로 불리워진 것과는 대조가 된다. Democritus는 행복한 사람으로 인정되었다. 그 당시 이상한 행동을 하면서 웃는 버릇이 있는 사람은 동네에서 쫓겨나기도 했고 마술에 의해 불태워 죽이는 습관이 있었다.

웃음은 개인의 사회적·정서적 통합을 이루는 데 큰 역할을 하지만 이는 임의적 통제가 불가능하다. 뇌기능장애에서 오는 웃음은 정신장애의 신호이다. 이와 같은 사실은 경조증, 히스테리, 제어 불능한 웃음, 부적절한 웃음을 통해서 잘 이해할 수 있다.

비정상적 웃음은 정신분열증의 한 증후이다. 독일의 정신과 의사 Emil Kraepelin1856-1926은 즐거운 일도 없는데 빙긋이 웃는 웃음을 정신분열증의 주요 증후로 간주하였다. 웃음은 억제가 불가능하며 정서적 의미가 결여된 행동이다. 스위스 정신병리 학자 Eugen Bleuer1857-1930의 주장에 의하면 정신분열증 환자의 강박적 웃음은 뚜렷한 감정이 결여된 모사행동에 지나지 않는다고 한다. 그는 정신분열증 환자의 감정특성을 기술하기 위해 감정도착이라는 용어를 사용하였다. 이는 특정한 사태나 사건에서 기대되는 것과 어울리는 반응을 일으키는 상태로서 비정상적인 웃음 혹은 슬픔이다. 여기에는 부적절한 웃음이 빈번하게 수반된다. 환자 자신은 자신이 웃는 이유를 전혀 이해하지 못한다. DSM-I에서는 이를 파과형 정신분열증으로 분류하였다.

신경이완제가 개발되기 전에는 정신분열증 치료를 위해 치료자들이 전두엽 절제수술을 선호하는 사람이 많았다. 이것은 분명히 큰 실수였다. 1940~1950년대의 환자들도 이와 같은 가혹한 수술을 받았다. 이는 사람에 따라 정도의 차이는 있었지만 개인의 전두엽을 손상시켰고 지적, 정서적, 사회적 행동에 뚜렷한 부정적인 변화를 가져왔다. 이 수술을 받은 환자 가운데에는 자기 자신도 모르는 사이에 웃기도 하고 울기도 한다.

1954년 H. C. Kramer는 뇌수술 후 심하게 웃는 환자를 발견하였다. 수술 전에 69회의 전기충격치료를 받은 한 파과형 정신분열증 환자의 행동에는 큰 변화가 일어났다. 그 환자는 진료진이나 다른 환자와 사이가 매우 좋지 않았고 병실에서는 여러가지 문제를 일으켰다. 그것은 바람직한 변화는 아니었다. 즉, 불필요한 활동이 많고 지나치게 말이 많았고 기분은 항상 충천되어 있었다. 동시에 그는 통제가 불가능할 정도로 심하게 웃는 버릇이 생겼다.

자살을 목적으로 자기 스스로 총상을 낸 환자가 치료를 받은 후에 기분이 충천되는 사례가 있다. 이와 같은 극단적 방법은 우울증의 증후제거에는 크게 도움이 되었으나 심한 웃음의 통제에는 전혀 도움이 되지 못했다. 두부외과수술에 의해 전두엽 손상을 받은 환자는 부적절한 농담과 무의미한 유머를 즐기고, 때로는 정서반응이 무디어진다. 이와 같은 현상은 전두엽 손상에 의한 언어, 운동 그리고 감각기관의 기능 손상의 결과이다.

사실 전두엽은 감각이나 행동기능보다는 사고와 아이디어 기능과 보다 밀접한 관계가 있다. 때로는 전두엽 손상의 영향이 뚜렷하게 나타나지 않을 수도 있다. 일상생활에서 시간, 계획, 정서 통제기능은 전두엽의 활동과 깊은 관계가 있다. 전두엽 손상자는 회복을 위한 투쟁과정에서 정서의 폭발기능을 통제할 수 있다. 직무에 대한 인지적 욕구가 좌절된 경우는 웃음을 통해서 욕구를 충족시킬 수 있다.

의학 문헌을 보면 웃음의 기능을 손상시키는 요인들이 많이 소개되어 있다. 메릴랜드 대학교 심리학 교수 Robert Provine의 연구에 의하면 교통사고에 의한 사지마비, 척추손상 그리고 사지의 수의적 통제불능자는 너털웃음은 웃지 못한다. 상부경부 척추손상은 호흡기능과 언어기능을 손상시키기 때문에 웃음의 기능이 크게 손상된다. 따라서 가냘픈 웃음소리만 낼 수 있을 뿐이라고 한다.

위에서 살펴본 바와 같이 사지손상이나 다른 신체적 손상 때문에 웃음의 기능이 손상되는 것을 보면 신체적 기능과 웃음과는 밀접한 관계가 있음을 알 수 있다. 특히, 웃음과 말은 서로 다른 척추부위의 기능에 의해서 매개된다는 것을 알 수 있다. 사지마비자에서 나타나는 말의 기능결손현상은 안젤만장애로서 레트장애에서 나타나는 증후와 다르다. 이들 장애자들의 언어기능은 손상되지만 웃음, 기침, 기타 호흡기운동 기능은 정상적으로 활동한다.

병적 웃음은 여러가지 신경학적 장애, 예를 들면 레트장애, 윌리엄스장애, 윌슨Wilson장애, 안젤만장애, 피크Pick병 증후의 부분적 표출이다. 신경학적 장애이면서도 웃음의 병적 증후가 나타나지 않은 것이 있는데, 그것이 투렛Tourette장애이다. 이 장애는 프랑스 의사 Georges Gilles de la Tourette1859~1904에 의해 학계에 소개되었다. 이 장애에서는 괴상하고 질이 낮은 심한 욕설, 심한 근육경련, 음성경련은 물론 특수학습기능장애, 주의결핍장애, 강박신경증을 흔하게 발견할 수 있다. 발병빈도는 10,000명에 1명 꼴로 매우 희귀한 것이 또다른 특징이다.

어두운 밤중에 침대에서 일어나 큰소리로 웃는 환자를 두고 생각해 보자. 이는 마법적 특성이 개재된 웃음으로 간주된다. 이러한 증상은 레트 장애자의 83%에서 나타난다. 그러나 소년에서는 나타나지 않는다. 레트장애 소녀의 경우 6~18개월까지는 정상적으로 발달한다. 그후에 의사소통이 공격적이고, 특정한 목적을 가지고 손을 움직이지 못하고 틀에 박힌 손의 운동이 나타나기 시작한다. 때로는 발작을 일으키기도 하고 호흡상태가 고르지 못하다. 과잉호흡을 하기도 하고 숨이 멈추기도 한다. 불행하게도 그 부모들은 이 상태를 비극적으로 간주하고 그의 삶을 스스로 포기해 버리는 경향이 있다. 그러나 환자 자신은 여

     영장류의 한 비밀 **웃음**

러가지 다양한 정서를 경험하고 부모나 도움을 주는 사람과 매우 밀접하고 유익한 관계를 맺고 생활해 나간다.

윌리엄스장애

윌리엄스Williams 장애자는 잘 웃는다. 기쁨이 넘치고, 눈에는 총명이 가득하다. 이들은 부모, 교사, 친지들에게 매혹의 대상이다. 그들은 과장된 웃음이 많고, 활동적이며, 낙관적이며, 사교적이다. 이 장애는 흔한 것은 아니다. 7번 염색체의 손상과 신경학적 장애가 연합된 장애이며 남녀에서 모두 발병되나 유전과는 무관하다. 이 장애는 사회적 통찰력이 결여된 자폐증과는 다소 다르다. 그는 쉽게 눈물을 흘리기도 한다. 친구들의 행동을 보고 폭소를 터뜨리기도 하고 아무하고나 곧 잘 이야기한다. 그 원인은 여러가지가 있다. 무엇보다도 무분별한 사회적 교제, 요정 같은 외모, 충동성과 학습장애 때문이다. 높은 사회적 · 정서적 감수성 때문에 인지능력은 장점과 약점이 혼합되어 나타난다. 그러므로 개인생활이 원만할 수 없다. 외국어 노래는 잘 부르지만 자신이 달린 거리가 얼마나 되는지는 전혀 알지 못한다.

윌슨병

　윌슨Willson병은 간렌스핵 기능의 퇴행에서 기인한 상염색체성 열성과 관계된 진행성 장애의 일종이다. 이는 망간중독과 같은 외인성 발병과는 달리 유전적 기반에서 발병된다. 뇌, 특히 뇌저신경절에 구리가 축적되면 정서적 장애를 일으킨다. 근육경색, 진전, 불수의적 무도병과 같은 운동치매, 불수의적 웃음과 울음이 주요증후이다. 또, 그들에서는 운동증후로 간주되는 치매증후를 쉽게 발견할 수 있다. 왜냐하면, 그 최초 증후가 경련증후로 나타나기 때문이다. 이 증후는 10~25세 사이에 처음으로 나타난다. 망간증후나 다른 진행성 신경장애와는 대조적으로 이 증후는 디-페니실라민D-Penicillamine 같은 약물치료로 쉽게 제거할 수 있다.

제3장 | 웃음과 건강

질병과 슬픔을 극복하는 데 도움이 되는 것은
웃음과 유머뿐이다.
Charles Dickens(1812-1870), 영국의 소설가

유머의 신비적 근원은 기쁨에 있지 않다.
그것은 슬픔에 있다.
천국에는 유머가 없다.
Mark Twain(1835-1910), 미국의 작가

웃음과 건강

생리적 변화

미국의 풍자화가인 Randy Glasbergen은 웃음을 '최선의 약' 이라고 하였다. 킥킥거리는 웃음은 하찮은 행동의 일부이지만 거기에는 가벼운 전염병 치료기능이 있고, 혼자서 싱글거리는 웃음에는 가벼운 타박상을 치료하는 데 큰 효과가 있다. 웃음에는 동통을 완화시키는 기능이 있다. 그러나 숨죽여 웃는 웃음은 사태를 더욱 악화시킬 뿐이다. '배가 고플 때는 노래를 부르고 상처를 입었을 때에는 웃어라' 라는 유태인이 즐겨쓰는 속담이 있다. 상처는 웃음을 통해 치유된다는 사실을 암시하는 속담이다. 웃음에는 모든 생리적 기능을 활성화시키는 기능이 있다. 그러므로 웃음에 의해 스트레스가 경감되고, 통제감각이 강화되고, 신체적 긴장이 완화된다. 사람들이 서로 얼굴을 맞대고 웃으면 소속감과 우정이 강화된다.

유머감각이 있는 A형 성격은 심장발작이나 심장수술을 모른다는 사실은 널리 알려져 있다. 이것을 보면 심장은 웃음에 의해 보호받고 있다는 것을 쉽게 이해할 수 있다. 그러나 웃음이 어떻게 심장을 보호하는지 그 기제는 알려져 있지 않다.

심근경색 환자의 회복과정에서 웃음과 유머가 긍정적 도움이 된다는 실험결과가 있다. 정상적으로 심장병 치료를 받으면서 유머 비디오를 매일 30분간 시청한 환자에서는 여러가지 긍정적 생리적 변화가 일어난다. 즉, 부정맥이 감소되고 혈장 카테콜라민의 수준이 저하된다. 필요한 베타 저지물과 니트로글리세린의 양이 줄어들고, 심근경색의 빈도가 크게 줄어든다. 이와 같은 사실을 보면 유머는 심장병 회복에 큰 도움이 된다는 사실을 알 수 있다.

부드러운 얼굴로 크게 웃는 파안대소나 유머는 긍정적 생리적 변화를 일으킨다는 사실도 실험결과에 의해 입증되었다. 즉, 하루에 60분간 얼마 동안 지속적으로 유머 비디오를 시청하면 성장호르몬 분비수준과 면역세포활동을 돕는 NK 세포활동은 증가되며 증가된 활동상태는 적어도 12시간 이상 지속된다.

심리적 스트레스가 증가되고 우울증 수준이 높아지면 NK 세포의 활동은 저하되고 코티솔, 도파민 및 에피네프린의 분비는 크게 줄어든다. 이와 같은 발견은 의학적 발견결과와 매우 일치한다. NK 세포의 활동이 저하되면 면역기능은 크게 떨어진다. NK 세포활동이 증가된 상태에서 유머 비디오를 지속적으로 시청하면 그 활동은 강화되어 혈청과 체액 내의 독소와 박테리아를 살상하는 항체인 면역글로빈 수준이 더욱 상승한다.

다른 측면에 웃음과 유머가 신체적 건강을 촉진시키고 보호한다는 사실을 입증한 다른 연구결과도 많이 있다. 대표적인 사례로 1989년 뉴욕의 콜럼비아 장로교 메디컬센터 아동병원 부설 어릿광대 치료부에서 수행된 연구결과를 들 수 있다.

이 치료부는 행동주의 의학자, 정신의학자, 마취학을 전공한 소아암 전문의, 그리고 심장전문의들로 구성되었다. 이 진료진들은 입원아동의 치료수단으로 어릿광대 놀이를 하고 그것이 치료에 어떤 도움을 주는가를 조사하였다. 이 치료에 참가한 소아암 환자와 심장병 환자의 심리적 불쾌감의 수준이 크게 떨어졌다. 이와 같은 사실은 환자 자신은 물론 그들 부모의 관찰보고에 의해 밝혀졌다.

어릿광대치료의 부작용은 거의 없었다. 환자가 우울해지거나 소화장애나 호흡장애를 호소하는 사례가 전혀 없었다. 환자의 행동은 긍정적으로 변화하여 보다 명랑해졌다. 이와 같은 사실이 널리 알려지면서 규모가 크고 명성이 높은 대학병원에서도 광대치료를 임상적으로 활용하게 되었다. 그렇지만 이 치료기법의 과학적 타당성은 확실히 밝혀진 것이 없다. 미국의 저명한 코미디언 Groucho Marx1890~1977에 의하면 어릿광대치료는 아스피린치료 효과보다 2배나 빨리 나타난다고 한다.

위에서 살펴본 바와 같이 웃음은 건강에 긍정적 영향을 주기도 하고 건강상태를 신장시킨다. 웃음이 건강에 긍정적 영향을 준다는 사실을 부정하는 사람은 없다. 학자마다 강조하는 웃음의 기제에 대한 견해가 다소 다르기는 하지만 몇 가지 공통된 점이 있다.

첫째, 웃음은 심장혈관, 근골격내분비, 면역 및 신경계통에 생리적 변화를 일으켜 건강에 긍정적 영향을 준다. 예를 들면, 웃음은 순환카데콜라민과 코티솔분비를 촉진시키고 면역계통의 활동을 강화시킨다. 특히, 부드러운 얼굴로 크게 웃는 파안대소는 근육긴장을 감소시키고, 혈액의 산화, 신장의 활동, 그리고 엔도르핀 분비를 촉진시킨다. 이와 같은 사실을 보면 웃음은 매우 중요한 건강촉진제이며 웃음이 결여된 건강은 생각할 수 없다는 점을 알 수 있다.

둘째, 유쾌 정서에는 웃음이 따른다. 그러므로 유쾌 정서와 건강과의 관계는 부인할 수 없다. 즐거운 정서에는 면역기능을 강화시키는 기능이 있다. 또 웃음에는 불쾌한 정서에 의해 악화된 심장혈관의 기능을 회복시키는 기능도 있다. 웃음의 근원은 사랑, 만족, 희생, 환희 및 행복과 같은 유쾌한 정서에 있고 이는 우리의 건강상태를 신장시키는 역할을 한다. 이러한 관점에서 보면 웃음은 한 성격특성으로 개념화시킬 수도 있다.

셋째, 웃음에는 스트레스 조정기능이 있다. 웃음은 건강에 긍정적 영향을 준다는 것은 삶을 보다 긍정적으로 보는 인지적 평가태도에 기반을 두고 있다. 이러한 관점에서 보면 웃음은 건강과 관계되는 생리적 변인에 직접 영향을 주는 것이 아니다. 그것은 건강에 부정적 영양을 주는 스트레스 감소 수준과 상호작용을 통해 건강에 간접적으로 영향을 준다는 사실을 알 수 있다.

스트레스가 건강에 부정적 영향을 준다는 많은 연구결과가 있다. 스트레스는 면역계통의 기능을 약화시켜 전염병의 감염과 심장병의 발병 위험을 증대시킨다. 이와 같은 위험을 증대시키는 것은 시상하부 – 뇌하수체 – 부신HAP 축과 교감 – 부신수질 SAN계통의 부활결과이다.

위에서 웃음에는 다양한 긍정적 치료기능이 있다는 사실을 소개하였다. 즉, 생리적 기능에 긍정적 변화를 가져오고, 건강을 향상시키고, 심장병, 우울증, 소화장애 및 강직성 척추염을 치료하는 데 도움을 주는 기능이 있다. 또 웃음에는 에어로빅 운동에서 얻는 것과 비교될만한 긍정적 효과가 있고 호흡기능, 발성기능 및 면역기능을 강화시키는 효과도 있다.

지금까지 소개된 자료는 극히 제한된 몇 가지 사례를 빼고는 대부분이 난해과학의 패러다임에 기초한 실험결과와는 거리가 먼 것들이다. 대부분의 자료는 일화적 방법으로 수집한 것들이다. 이것을 바탕으로 웃음의 긍정적 효과를 일반화시키는 것은 삼가야 한다. 대부분의 결과들은 반복실험이 불가능한 것들이라는 점에 특별히 유의할 필요가 있다.

웃음은 다양한 생리적 변화를 일으킨다. 혈압을 정상화시킨다. 순환기계통의 활동을 자극한다. 소화를 촉진시킨다. 근육에 산소공급을 촉진시킨다. 개인의 웰빙감각수준을 증진시킨다. 근육긴장을 이완시킨다.

웃음에는 베타엔도르핀을 포함한 신경펩티드가 포함되어 있어 동통을 경감시켜주기도 한다. 면역계통과 관련이 있는 세포는 복잡한 심신 피드백기제에 의해서 그 기능이 활성화된다. 스트레스에 의해 유발된 정서는 코티솔과 알도스테론의 분비를 증가시킨다. 분비된 분비물이 일정한 수준에 이르게 되면 T림프구세포 수를 경감시켜 면역반응의 기능을 저하시킨다. 웃음에는 특이한 독소가 있어 눈물을 자아내기도 한다. 이 눈물은 슬플 때 흘리는 것과는 질이 전혀 다르다.

이와는 달리 긍정적 사고와 감정은 T세포의 기능을 향상시키고 면역체계의 기능을 강화시켜 감기와 같은 사소한 질병은 물론 치명적인 암을 예방하는 기능을 한다. 환희, 사랑, 신뢰, 희망, 충정심, 의지 및 감사와 같은 즐거운 정서는 면역기능을 통합하고 그 기능을 강화시키는 데 도움을 준다. 불행하게도 웃음의 강도, 빈도, 지속기간을 공식화한 것은 없다. 일상적 지혜를 바탕으로 자기에게 어울리는 건전한 웃음의 생활은 개인의 총체적 웰빙수준을 크게 향상시킨다.

웃음은 건강을 향상시키고 웰빙수준을 높여준다. 즐거운 기분으로 환하게 웃는 동안에는 스트레스와 관계있는 호르몬의 분비가 감소된다. 이는 웃음이 스트레스를 경감시킨다는 주장을 확인해준 것이다. 실험적으로 검증되지는 않았지만 Norman Cousins가 자신의 강직성 척추병을 치료하는 데 웃음이 크게 도움이 되었다는 사실은 널리 알려진 사실이다.

웃음에는 에어로빅 운동효과와 비교할만한 긍정적 기능이 있다. 스탠퍼드 대학교 심리학 교수 William Fry의 실험실에서는 여러가지 웃음의 긍정적 효과가 발견되었다. 1분간 부드러운 얼굴로 크게 웃는 파안대소 때 나타나는 심장박동 수는 10분간 노젓기 운동에 따른 심장박동 수와 동일하다. 즉, 120까지 상승된 심장박동 상태가 3분 이상 지속된다. 그렇지만 신진대사의 이상이나 심장혈관장애의 위험은 전혀 나타나지 않고 곧 정상으로 회복된다. 계속적으로 웃게 되어도 혈액산소의 소모량은 정상적 대화 때보다 더 많지 않다.

1965년 스톡홀름의 카로린스카연구소에 근무하는 Lennart Levi는 웃음이 신체적 웰빙을 증대시킨다는 사실을 발견하였다. 실험자는 20명의 여성에게 코미디 영화, 전쟁영화, 공포영화, 그리고 무덤덤한 네 가지 필름을 관람시켰다. 실험자는 심장박동, 혈압, 그리고 신진대사활동을 증진시키는 에피네프린, 노르에피네프린의 수준을 검사하기 위해서 관람 전, 관람 중, 그리고 관람

후에 피험자의 소변을 검사하였다. 그 결과, 중성적 영화를 관람할 때를 빼고 모든 영화를 관람할 때 에피네프린과 노르에피네프린의 분비 수준이 크게 증가하였다. 이 사실을 통해 웃음은 긴장을 이완시키고 신체적 건강을 호전시키는 데 큰 도움이 된다는 사실을 알 수 있다.

후두근육이 긴장되면 발성곤란을 야기시킨다. 웃음에 의해 이러한 장애자의 발성기능이 회복된다. 발성기능장애는 심인성 장애로서 기질적 손상을 수반하지 않는 발성불능장애이다. 북 텍사스 대학교 심리학 교수 Barbara Wood는 웃음이 신체에 미치는 생리적 영향을 조사하기 위해 근육긴장, 피부온도, 심장박동, 그리고 호흡속도를 측정하였다. Barbara는 웃음이 신체의 긴장상태를 이완시킬 수 있는가를 확인하는 데에 관심이 있었다. 이를 위해 웃음 후에 나타나는 생리적 변화를 긴장과 언어 후에 나타나는 생리적 변화를 비교하였다. 그 결과, 경쾌한 웃음에 의해 이마와 신체상위부의 긴장이 이완되고 심장활동과 호흡속도가 안정된다는 사실을 발견하였다. 이와 같은 사실은 다른 의학영역에서도 확실하게 입증되었다.

웃음에 의해 AIDS를 유발하는 HIV보균자가 치료된다는 사실이 Kathleen Welch에 의해서 확증되었다. 스트레스에 의해 우울증에 빠진 사람의 기분이 고조되어 즐거운 삶을 찾게 된 것과 같이 웃음에 의해 HIV감염 환자가 효과적으로 치료되었다. 이를 계기로 Kathleen Welch의 AIDS치료방법에 매력을 느낀 많은 사람들이 그의 연구실에 모여들었다. 거기에 찾아온 사람들은 HIV치료소에서 치료를 받은 경험이 있는 사람들이었다. 51%는 흑인, 64%는 남성, 82%는 30세 이상, 그리고 67%는 무직자였다.

웃음치료는 웃음을 치료제로 사용한다. 그들은 HIV를 직접 치료하지 않는다. 아직 HIV의 치료기술은 개발되어 있지 않다. 웃음치료자는 HIV감염자에게 웃음의 감각기능을 증가시켜주고 그들의 정서적 웰빙수준을 높여주는 방법을 쓴다. 실제 치료에서는 환자 자신이 웃음을 매개로 해서 자신의 질병을 극복하는 방법을 교육시킨다. 대부분의 환자는 알코올이나 다른 약물을 사용하고 12단계 프로그램을 마쳤다. 대부분의 환자, 특히 무직자와 HIV감염자는 약을 통해 위로를 받고자 한다는 사실을 발견할 수 있었다. 크리스마스 파티 후 가벼운 풍자 농담그룹에 참여했을 때 대부분의 환자들은 웃음이나 유머를 스트레스 경감수단으로 사용하겠다고 말했다. 그곳에 참석했던 환자의 17%는 치료를 위해 약물 대신 웃음을 치료수단으로 사용하겠다고 했다. 72%는 생존수단으로 웃음에 대한 지식을 갖고 싶다고 했다.

웃음은 폐기능을 강화기키고 일반 신체적 건강을 향상시킨다. 13세기 한 프랑스 외과의사인 Henri de Mondeville에 의하면 웃음과 같은 유쾌한 정서는 수술환자의 회복을 촉진시키지만 불쾌한 정서는 환자의 회복을 지연시킨다고 한다. 수술환자의 회복을 돕기 위해 의사는 환자의 분노, 증오, 슬픔과 같은 불쾌한 정서를 경감시켜주어야 한다. 환자의 체중은 마음상태에 따라 다르다. 즉, 환자가 즐거우면 체중이 늘고 슬프면 체중은 떨어진다.

웃음에는 면역기능을 강화시키는 기능이 있다. 이들의 관계를 규명하기 위해 유쾌한 자극이 면역기능에 주는 영향을 실험적으로 연구한다. 이런 형태의 연구에서 흔히 쓰이는 면역글로불린의 지표가 S-IgA이다. 이는 타액의 체액성 면역 요인으로 여기에는 상부호흡기전염병을 방어하는 기능이 있다. 웃음이 면역기능에 주는 영향의 연구에 관심이 있었던 사람들은 개인의 즐거움을 자극하는 자극치료제로 코미디 비디오테이프를 사용한다. 환자들에게 웃음을 자극하는 비디오테이프를 시청하게 하고 그것이 면역기능에 주는 영향을 측정하기 위해 타액 속의 S-IgA 수준의 변화를 측정해보면 그 수준이 현저히 증가한다. 이는 곧 면역기능이 크게 강화되었음을 의미한다.

이와 같은 코미디 비디오 시청이 면역기능에 주는 긍정적 영향은 후속연구에서도 확증되고 있다. 이를 검증하기 위해 실험방법을 달리한 연구결과를 보자. 실험자는 45명의 여자 대학생과 41명의 남자 대학생에게 30분 간 코미디 오디오테이프를 청취하게 하였다. 또 다른 34명의 여자 대학생에게는 30분 간 코미디 비디오테이프를 보여 주었다. 그 결과 코미디 오디오를 들

은 학생이나 코미디 비디오를 시청한 학생들의 S-IgA수준이 현
저하게 높아졌다. 그러나 통제 피험집단의 S-IgA수준에는 큰 변
화가 나타나지 않았다. 이와 같은 실험결과에 의해 환자가 유쾌
한 자극에 접하게 되면 면역기능이 크게 활성화된다는 사실을
알 수 있다.

　이와 같은 실험적 결과를 확증하기 위한 색다른 실험결과도
있다. 실험자는 한 집단의 피험자에게 코미디 비디오를 시청하
게 하고, 다른 한 집단의 피험자에게는 전쟁을 소재로 한 다큐
멘터리 비디오를 시청하게 하였다. 그 결과, 전자 집단의 실험
자에서는 S-IgA수준이 크게 향상되지만 후자에서는 그러한 변
화가 전혀 나타나지 않았다.

　면역기능의 변화상태는 타액변화와 혈액변화를 통해서 알 수
있다. 유머에는 면역기능항진기능이 있다는 실험결과가 있다.
실험자는 15명의 의사들에게 유머가 담긴 비디오테이프를 60분
간 서서 시청하게 하고 5명의 의사들에게는 동일한 테이프를
조용한 방에서 60분간 앉아서 시청하게 하였다. 실험자는 테이
프 시청 전, 시청 도중, 그리고 시청 후 세 차례에 걸쳐 정맥주사
법으로 피험자의 혈액을 채취하였다.

　실험이 종료된 후 실험자는 19개 면역변인의 변화상태를 평
가해보았다. 그 결과, 유머 비디오집단의 코티솔 수준은 낮아진
반면 성장호르몬 수준은 증가하였다는 사실을 발견하였다. 또

비디오테이프를 시청한 실험집단의 T세포 헬퍼세포제지비, 배자발생, IgG, IgM, NK 세포활동, 보체C3의 기능이 크게 증가하였다는 사실도 아울러 발견할 수 있었다. 이와 같은 사실은 유머의 면역기능항진기능의 우월성을 입증하는 데 충분하다.

웃음이나 유머에는 생리적 호르몬의 변화를 일으키는 기능이 있다. 건강상태가 좋은 피험자에게 유머 비디오를 60분간 계속해서 시청하게 하면 그들의 성장호르몬 수준은 증가하나 코티솔, 도파민, 에피네프린의 분비 수준은 크게 감소된다. 이와 같은 사실을 보면 스트레스에 직면하였을 때 웃음은 성장호르몬의 수준을 증가시키나 코티솔, 도파민, 에피네프린과 같은 호르몬의 분비 수준을 경감시켜 스트레스로부터 개인을 보호하는 기능이 있다는 사실을 알 수 있다. 피험자에게 유머 비디오를 60분간 시청하게 하고 그에 수반되는 여러가지 면역기능의 변화를 관찰해 보면 NK 세포활동, 면역글로불린IgG, IgM, 보체, 백혈구, 인터페론IFN-r코티솔 분비 수준은 증가하고 그 상태는 12시간 지속된다는 사실을 곧 알 수 있다.

이와 같은 사실을 바탕으로 유머 비디오를 12시간 이상 시청하게 되면 NK 세포의 활동은 더 증가될 수 있을 것이라는 점도 가정해 볼 수 있다. 또, 개체의 독소와 체내에 있는 독소를 청소하는 면역글로빈 수준은 실험집단에서는 현저하게 증가하였다. 이것도 역시 면역기능의 강화된 현상으로 볼 수 있다. 웃음에 의해 매개되는 반응도 긍정적 비디오를 시청함으로써 크게 상승한다. 세포에 의해 매개되는 면역기능을 조절하는 IFN-r도 웃음에 의해서 그 수준이 크게 높아진다.

스트레스를 받게 되면 면역기능이 떨어진다. 유머는 체내의 감염투쟁항체의 기능을 상승시키고 면역세포의 기능을 촉진시킨다. 웃음에 의해 외상과 바이러스를 박멸시키는 NK세포의 기능이 향상된다. 이에 따라 질병과 투쟁하는 단백질인 감마인터페론, 면역계통의 기능에 중요한 T세포, 질병과의 투쟁항체를 만들어내는 B세포가 증가한다. 동시에 혈압은 떨어지고 웃음에 의해 혈액 속의 산소가 증가한다.

2005년 미국흉부학회에 보고된 자료를 보면 천식환자의 3분의 2가 웃음에 의해서 발작이 일어났음을 알 수 있다. 여기서 숨을 얼마나 깊이 쉬었느냐, 컥컥거리고 웃었느냐, 뱃속으로부터 나오는 웃음이냐에 따라 질병상태는 크게 다르다. 운동에 의해 천식발작을 일으키는 사람은 웃음에 의해서도 유사한 발작을 일으킨다. 일반적으로 기도의 운동과 정서적 반응 모두가 천식발작을 유발하는 원인으로 작용한다.

웃음은 복부기능을 강화시킨다는 사실이 임상적으로 입증되었다. 웃음에는 심장을 강화시키는 기능뿐만 아니라 보기 좋은 외모를 유지하는 데에도 큰 도움을 준다. 통증도 주지 않고 큰 부담이 없는 웃음에 의해 복부기능이 강화된다는 사실을 믿는

사람은 많지 않으나 사실 웃음의 효과는 윗몸일으키기 운동효
과보다 더 크다. 웃음에 의한 치료효과를 얻기 위해서는 적어도
30초 동안 몸에서 열이 날 때까지 웃는 것이 효과적이다. 웃음
은 윗몸일으키기 운동보다도 그 효과가 더 크다. 수술을 받은
아이가 수술 직전에 부모, 의사는 물론 광대가 옆에 있을 때에
는 부모와 의사만 있을 때보다 훨씬 안정감을 갖게 된다. 일반
적으로 환자의 60%는 수술 전에 심한 불안을 느낀다.

스탠퍼드 대학교 심리학 교수 William Fry에 의하면 웃음에는
신체적 피트니스 수준을 조절하는 기능이 있다고 한다. 부드러
운 얼굴로 크게 웃는 100번의 파안대소의 효과는 15분간 보트
젓는 효과나 자전거를 타는 효과와 맞먹는다고 한다. 웃음은 횡
경막, 복부, 호흡기, 얼굴, 다리 등의 근육이상치료에도 도움이
된다. 심장박동수준을 높이는 데 보트 젓기 기계훈련으로는 15
분이 소요되나 부드러운 얼굴로 크게 웃는 파안대소로는 1분이
면 족하다.

웃음의 질병치료 효과

프랑스의 철학자 Volfaire1694-1778는 이런 말을 했다. 즉, 환자의 질병은 자연에 의해 치료된다. 의사는 환자를 즐겁게 해주면 된다. Norman Cousins1915-1990는 1976년 세계적으로 권위가 인정되는 『*New England Journal of Medicine*』에 의료계에 충격을 준 한 편의 논문을 발표하였다. 내용인 즉, 자신은 자신의 강직성 척추염이 대량의 비타민 C 복용과 코미디 비디오 시청으로 성공적으로 치료되었다는 것이다. 이 과정에서 의사의 도움은 없었다고 강조하고 있다. 그는 1979년에 논문의 내용을 바탕으로 『환자가 지각한 질병의 해부』라는 단행본을 출판하였다.

또, 1989년 「*Journal of American Medical Associalion*」에 발표한 한 논문에서 그는 유머치료는 중병환자의 삶의 질을 향상시키며 웃음에는 환자의 직접적 증후제거의 효과가 있으며 상당기간 규칙적으로 웃게 되면 그 효과는 더 커진다고 주장하였다. 이를 계기로 재평가 카운슬링과 같은 치료운동이 전개되었다. 웃음은 치료수단으로 격려해주고 지지해주기를 바라는 신체적 표출수단이라고 주장하기도 했다. 그의 주장은 과학적 실험절차를 거친 결과가 아니기 때문에 그 자체를 과학적 사실로 수용하기는 어렵다. 저자 자신은 과학자가 아닌 저널리스트요 평론작가이기 때문에 하나의 작품으로 보는 것도 무리는 아니다.

우리는 여기서 Norman Cousins의 주장을 조심스럽게 받아들일 필요가 있다. 그의 주장은 어디까지나 자신의 투병경험의 기록에 불과하다. 그의 주장이 우리들에게 받아들여지기 위해서는 반복실험의 결과에 의해 뒷받침되어야 한다. 그러나 그의 주장을 뒷받침하는 반복실험결과는 발표된 것이 없다. 어디까지나 개인이 경험한 투병생활의 기록이다. 그럼에도 불구하고 그의 주장을 맹목적으로 수용하는 심리학자가 많이 있다. 그것이 건전한 웃음에 대한 과학적 지식으로 인정받기 위해서는 임상실험과 실험실 연구에서 과학적으로 연구된 결과가 뒷받침되어야 한다.

심리학뿐만 아니라 다른 과학분야에도 Cousins와 같은 사례가 많이 있다. 심리학에서는 Freud의 꼬마 Hans사례가 대표적인 것이다. Freud는 1909년 『5세 소년의 공포증에 대한 분석』이라는 논문을 발표했다. 이는 지금까지도 심리학자에게는 '꼬마 Hans사례'로 기억되고 있다. 이 사례가 발표되자 영국의 정신분석자 E. Glover는 이렇게 극찬했다. 즉, 꼬마 Hans에 대한 Freud의 분석은 매우 훌륭한 업적이며 정신분석의 역사에 길이 남을 것이다. 이를 계기로 아동의 공포형성, 오이디푸스콤플렉스, 양면가감정, 거세공포증의 개념과 그 기제가 밝혀질 것으로 믿었던 심리학자와 정식과의사가 많았다. Freud는 그의 공로로 문인들에게만 주어지는 Geothe상까지 받는 영광을 얻었다.

사실 그 논문을 자세히 분석해 보면 허구의 결정체이다. 논문의 자료는 Freud가 5세된 Hans의 어머니와 주고 받은 편지내용을 구미에 맞게 짜맞춘 것에 불과하다. 설정한 가설을 설명하기 위한 실험적 연역결과는 더욱 아니었다. 불행하게도 Freud의 꼬마 Hans사례연구는 요하네스버그 대학교 정신과 교수 Joseph Wolpe1915-1997와 런던 대학교 심리학 교수 Stanley Rachman의 재분석결과에 의해서 허구성과 비과학성이 세상에 알려지게 되면서 그의 학문적 명성은 큰 타격을 받게 되었다.

과학의 가면을 쓴 허구성을 내세워 한때, 일시적인 명성을 떨친 사례는 정신세계를 다루는 유연과학에만 한정되어 있지 않다. 난해과학의 영역에도 많이 있다. 우선, N선 스캔들을 다시 들어보자. 이 스캔들은 1902년 프랑스의 넨시 대학교의 저명한 물리학자이며 프랑스 과학원의 회원인 M. Blondlot 교수가 N선을 발견했다고 발표한데서 시작되었다. 이것은 Wilhelm Roentgen1845-1923이 X선을 발견한지 6년 후에 일어난 사건이다. N선은 사진기로는 측정될 수 없고 눈으로만 감지되는 특수한 선의 일종이라고 발견자는 주장하였다. 그의 공로가 인정되자 프랑스 학술원에서는 그에게 La lande상과 함께 20,000프랑을 부상으로 주기로 결정하였다.

N선이론은 당시 여러 분야에서 널리 인용되었다. Corson은 화학에, Lambert와 Meyer는 생물학에 N선의 이론을 각각 이용하였다. Charpentier은 신경에 압축을 가하면 N선이 방출된다고 주장하였다. 유명한 뇌 생리학자 Pierre Broca1824-1880까지도 N선은 뇌의 활동과 깊은 관계가 있다고 믿고 연구를 시작했다. 프랑스의 다른 의사는 물론 당대의 유명한 과학자들은 N선 실체를 규명하려고 시도했으나 그 실체는 존재하지 않는다는 결론에 도달했다.

어느 영역에도 N선 효과는 나타나지 않았다. 당대의 유명한 물리학자 R. W. Wood는 직접 Blondlot 교수의 실험실에 찾아가 N선의 실체를 보자고 재의하였다. Blondlot 교수는 그에 대한 답변을 피했다. Blondlot 교수는 영어로 의사소통이 불가능하자 Wood는 독일어를 사용할 수밖에 없었다. 어떤 언어를 사용해도 Blondlot 교수는 N선에 대한 과학적 설명을 하지 못했다. 결과적으로 N선의 발견은 거짓으로 판명되었다. N선의 발견자 M. Blondlot 교수는 상금도 받을 수 없게 되고 곧 홧병으로 세상을 떠났다.

위에 소개한 Freud의 꼬마 Hans사례, Blondlot의 N선 사례는 과학적 실험을 거치지 않은 일화적 자료나 독선적 주장으로 과학의 본질을 손상시킨 일과성 사건으로 역사에 기록되어 있다. 이와 같은 역사적 사실을 보면 이제 Norman Cousins의 주장도 새롭게 분석해 볼 필요를 느낀다.

심장병환자의 40%는 웃음이 비교적 적다. 이들에게 화려한 파티장면의 비디오를 시청하게 하였을 때에도 별로 웃는 일이 없다. 웃음이 많은 환자의 수술회복속도는 웃음이 적은 환자의 수술회복속도보다 훨씬 빠르다. 심장경색발작환자에게 일상적인 의학적 치료를 하면서 환자가 좋아하는 유머 비디오를 30분간 매일 시청하게 하면 여러가지 긍정적 효과가 나타난다. 즉, 부정맥이 감소되고, 혈장과 뇨카테콜라민 분비 수준이 저하된다. 베타차단제와 니트로그리세린의 수요가 감소된다. 재발이 크게 줄어들고 회복속도도 매우 빨라진다.

웃음에는 심장보호 기능이 있다고 흔히 말하고 있으나 그 기제는 확실하게 밝혀진 것이 없다. 정신적 스트레스는 혈관을 연결하는 내피를 손상시킨다고 한다. 일단 내피가 손상되면 염증을 일으켜 관상성동맥 속의 콜레스테롤 수준이 상승되어 심장발작을 일으키는 원인으로 작용한다.

마음으로부터 우러나오는 진실한 웃음에는 스트레스에 의한 혈청코티솔의 양을 감소시키는 기능이 있다. 그러므로 스트레스를 받았을 때 웃으면 분비된 코티솔분비가 크게 감소된다는 것이 유머치료자들의 주장이다. 또 웃음에는 동통을 감내하고 감염-투쟁항체의 방출을 억제하는 기능이 있어 혈관이 경색되는 것을 억제해서 심장발작이나 뇌졸중을 예방하는 기능이 있다고 본다.

불쾌한 정서는 심장병을 유발하는 원인으로 작용한다. 항상 분노를 느끼고 적개심이 높은 사람은 심장발작을 유발할 위험이 크다. 불안하고 스트레스 속에서 생활하는 사람의 관상동맥은 손상 위험이 높다. 기분이 우울한 사람이 심장병에 걸릴 비율은 정상인에 비해 두 배나 높은 것은 바로 이 때문이다.

16세기의 의사 Laurent Joubert는 웃음에 대한 색다른 견해를 가지고 있었다. 그의 주장에 따르면 술에 취한 것은 우울증을 유발하나 고통보다는 즐거움을 준다고 한다. 상반되는 정서는 심장의 수축 확장과 깊은 관계가 있다. 즉, 슬픔은 수축을, 즐거움은 확장을 촉진시킨다. 이러한 운동은 곧 횡경막으로 전이되어 호흡이 빨라지는데 이것이 곧 마음 속으로부터 우러나오는 웃음이다. Joubert에 의하면 이러한 종류의 웃음은 매우 유익하며 얼굴과 눈에 잘 나타난다고 한다. 웃음에 수반되는 얼굴과 눈의 표정을 그는 이렇게 표현하였다. 즉, 웃는 얼굴보다 기분이 좋고 생기를 북돋아주는 것은 없다. 넓고, 반짝이고, 평화스런 앞이마, 반짝이는 눈, 다이아몬드에서 풍기는 것과 같은 번쩍이는 불빛 볼은 홍조를 띈다.

일본 츠쿠바 대학교 의과대학 간호학 교수 하야시의 연구에 의하면 식사 후의 웃음에는 혈압을 떨어뜨리는 기능이 있다고 한다. 그는 식사 전과 식사 2시간 후에 당뇨병 환자의 혈압을 체크했다. 치료 첫날에는 저녁 식사 후 40분간 지루한 강의를 듣게 하였다. 둘째 날에는 식사 후 40분간 코미디 쇼를 관람하게 하였다. 코미디 쇼를 관람한 후 환자의 혈당수준은 크게 상승하였으나 그것은 지루한 강의를 들은 후의 수준보다는 훨씬 낮았다.

이와 같은 유사한 현상은 당뇨병이 없는 정상인에서도 나타났다. 결과적으로 웃음에는 당뇨병환자에게 큰 도움을 준다는 사실을 말해주고 있다. 코미디 비디오를 시청하게 하고 혈관을 검사해보면 혈류운동기능이 자연스럽게 작동하나 우울한 드라마 비디오를 시청한 후에 혈관을 검사해 보면 혈류운동이 심히 제한을 받게 된다는 시험결과도 있다.

16세기의 의사 Rich Mulcaster에 의하면 웃음은 신체적 운동이며 건강을 촉진시킨다고 한다. 손과 가슴이 차고 우울증이 심한 환자를 치료하는 데에는 웃음이 필요하다고 한다. 19세기 독일의 의사 Gottlieb Hufeland에 의하면 웃음은 소화기능을 촉진시키고 흥겹게 웃는 장면을 보면서 식사하면 소화가 잘 된다고 한다. 그의 주장의 타당성은 현대 의학적 원리에도 합치되고 실험실에서도 그와 같은 사실은 확인되었다. 이것을 보면 즐거움을 나눌 수 있는 사람과 함께 식탁에 앉아 식사하는 것이 건강에 얼마나 큰 도움이 될 것인지 충분히 짐작해 볼 수 있다. 즐겁게 식사하면 많은 양질의 혈액이 공급된다는 사실이 실험실에서도 확인되었다.

웃음은 동통지각기능을 약화시킨다. 만성 암 환자에게 약물을 사용하지 않은 가장 효과적인 치료방법이 무엇이냐고 물으면 대부분의 환자들이 웃음이라고 대답한다. 보다 흥미있는 사실이 1989년 뉴욕 소재 컬럼비아 침례교의 한 병원에서 일어났다. 이 병원에서는 대체의학교육에 중점을 두고 소아암 전공자, 심장병 전문가 및 외과의사가 한 연구팀이 되어 어릿광대의 즐거운 놀이를 공연하였다. 그 결과, 공연을 관람한 환자는 치료진에 보다 적극적으로 협력하게 되었다. 그들 부모의 불안이 경감되고 안정제 복용량이 크게 감소되었다는 사실을 발견하였다. 또 그들이 심장 카테테르시술을 받을 때 불쾌감이 적고 어릿광대가 나타나기만 해도 불안수준은 크게 떨어진다는 사실이 부모의 평가결과에서 나타났다. 또 다른 시술도 보다 쉽게 할 수 있었다는 것이 의사들의 보고이다.

연구자들의 관찰결과에 의하면 어릿광대치료는 독소적 부작용도 없고 소화장애를 일으키거나 호흡이 억제되는 일이 없었다고 한다. 어릿광대가 주위에 있기만 해도 환자에서는 긍정적 기분변화가 나타난다고 한다. 수술받은 환자가 입을 크게 벌리고 떠들석하게 웃는 10분간의 홍소는 동통을 느끼지 않고 두 시간 동안 단잠을 잘 수 있게 한다.

웃음에는 진통효과가 있다. 흥미진진한 비디오 테이프 시청은 동통감내에 큰 도움이 된다. 남녀 학생에게 흥미있는 비디오테이프를 시청하게 하고 흥미의 정도를 평가하게 하였다. 그 결과와 동통감내 수준의 평가결과 사이의 상관관계를 보면 비디오의 흥미수준을 높게 평가한 학생일수록 동통을 보다 효과적으로 극복한다는 사실을 알 수 있다. 이 연구에서 동통자극은 냉압과제이다.

다소 다른 관점에서 수행된 실험결과를 살펴보자. 실험자는 학생들의 팔뚝에 전기자극을 주어 불쾌식역 수준을 검사하였다. 그리고 모든 피험자로 하여금 코미디 비디오테이프나 혹은 꽃이 성장하는 과정을 담은 다큐멘터리 비디오테이프를 시청하게 하였다. 실험자는 협골근육긴장 수준을 근전도를 사용하여 측정하고 미소와 웃음을 조작하였다. 환자가 즐거운 비디오 테이프를 시청하는 동안에는 그의 불쾌식역을 측정하였다. 이는 환자가 꽤 불쾌하다고 느끼는 전압량 수준이다. 코미디 비디오를 시청하는 사람의 불쾌식역의 변화점수는 다큐멘터리 비디오를 시청하는 사람의 불쾌식역의 변화점수보다 더 컸다. 코미디 자극을 종료시킨 후 동통감내력과 그 식역의 변화를 다룬 주요 연구들이 많이 있다. 그 가운데 혈압기 가압대를 조작한 국소혈압의 동통으로 인한 불쾌식역의 특성을 다룬 연구결과를 살펴보자.

40명의 학생을 웃음, 긴장이완, 지루한 이야기, 그리고 기타집단으로 분류하였다. 일정한 실험기간이 지난 후 불쾌식역의 변화를 조사하였다. 웃음집단과 긴장이완집단의 불쾌식역은 지루한 이야기집단이나 기타집단의 불쾌식역집단보다 의미있게 높았다. 이와 같은 사실에서 웃음은 긴장이완에서 얻는 것과 같은 효과를 얻을 수 있다는 사실을 알 수 있다. 긴장이완의 효과는 긍정적 정서의 산물이다. 이와 같은 사실을 보면 유머와 긴장이완의 효과는 긍정적 정서의 일반적 효과와 동일함을 알 수 있다.

앞에서는 유머에는 높은 치유효과가 있다는 사실을 소개하였다. 그렇지만 부정적 정서를 포함시켰을 때에는 좀 다른 결과가 나올 수 있다. 동통감내 효과는 일반정서 각성상태에서 기인한 것으로 정동상태와는 무관하다. 한 실험에서 실험자는 100명의 남녀 대학생을 단독 코미디, 연속 홈코미디, 연극, 훈련 혹은 비극비디오 집단으로 나눴다. 그들에게 주어진 시간은 공통적으로 22분이였다. 동통식역은 비디오 시청 전과 후 두 차례에 걸쳐 가압대를 사용해서 측정하였다. 그 결과, 단독 코미디 비디오 시청 집단이나 연속 홈코미디 비디오 시청 집단이나 모두 코미디 비디오 시청 후 동통식역이 크게 증가하였다. 특히 연속 홈코미디 비디오 시청 전후 다른 집단에서는 동통식역의 변화는 발견할 수 없었다.

이와 유사한 또 다른 연구결과를 살펴보자. 72명의 남녀 대학생을 대상으로 한 연구결과이다. 실험자는 피험자에게 단독 코미디, 비극, 혹은 다큐멘터리 필름 어느 하나를 시청하게 하였다. 그의 동통식역은 비디오 시청 전과 후 2회에 걸쳐 냉압과제에 대한 반응수준에 따라 측정하였다. 그 결과, 여자 대학생에서는 어떤 비디오를 시청한 후에도 동통식역에 변화가 없었다.

이와는 달리 남자 대학생은 비극 비디오와 다큐멘터리 비디오 시청 후 그들의 동통식역은 통제집단에 비해 크게 증가하였다. 냉압과제 수행과정에서 동통감내력을 측정하여 그에 미치는 다른 자극의 영향을 조사한 연구결과에서도 최초 가정의 타당성이 입증되었다. 실험자는 80명의 남녀 대학생을 네 집단으로 분류하여 각 집단에게 서로 다른 내용이 담긴 필름을 시청하게 하였다. 한 집단에는 유머가 담긴 필름, 불쾌한 필름, 중성적 필름을 시청하게 하고 통제집단에는 어떤 필름도 시청할 기회를 주지 않았다. 실험과정에서 필름의 흥미 정도를 스스로 평가하게 하였다. 그 결과 유머 필름집단과 공포필름집단에서도 그들의 동통감내 수준은 동일하게 증가한다는 사실이 밝혀졌다.

유머에는 보다 더 큰 치유적 효과가 있다. 이와 같은 사실은 200명의 남녀 대학생을 대상으로 한 연구에서 밝혀졌다. 실험자는 피험자를 세 집단으로 나눠 그들에게 각각 유머 필름, 부정적 기분필름, 중성적 필름을 시청하게 하였다. 다른 한 집단은 통제집단으로 그들에게는 어떤 필름도 시청할 기회를 주지 않았다. 필름을 시청한 집단은 시청한 시간에 따라 15, 30 혹은 45분 집단으로 다시 분류하였다. 동통감내능력을 측정하기 위해 냉압과제를 수행하게 하고 그 능력은 필름시청 전, 직후 그리고 30분 후 세 번에 걸쳐 측정하였다. 그 결과, 30분대기 집단과 직후 집단의 기분상태에는 큰 차이가 있었다. 그러나 필름시청 직후 동통감내력은 전혀 증가하지 않았다. 하지만 유머 필름집단은 필름시청 시간의 길이와는 무관하게 30분대기 후에 동통감내력이 크게 증가하였다. 이는 부정적 감정필름집단이나 중성적 감정필름집단이나 혹은 전혀 필름을 시청하지 않은 집단에서 나타난 동통감내력보다 현저히 높았다.

이 결과를 두고 보면 유머와 웃음에는 단순히 동통의 인지적, 정동적, 동기적 기능을 변화시키는 것보다는 동통의 생리적 기능변화를 가져오는 기능이 있다는 점, 또 필름의 시청시간이 길수록 필름의 특성과는 상관없이 30분 후에 동통감내력을 크게 향상시키는 기능이 있다는 사실을 알 수 있다.

웃음의 진통효과는 정서적 각성이나 웃음과 관계되는 긍정적 정서에 의해서만 유발된다고 생각할 수 없다. 웃음의 진통효과를 검증할 목적으로 환자들을 대상으로 수행된 유사시험결과가 있다. 실험자는 류마티즘관절염 환자에게 1시간 동안 지속되는 유쾌한 경험을 담은 비디오 장면을 시청하게 하고 그것을 전후로 자신이 경험하는 동통 정도를 평가시킨 바, 26명의 환자가 스스로 동통의 수준이 떨어졌다는 것을 경험할 수 있었다고 보고하였다.

코미디에는 동통경감기능이 있다는 사실이 정형외과 입원환자를 대상으로 한 실험에서도 입증되었다. 실험자는 정형외과 병동에 입원 중인 환자 79명을 3개의 그룹으로 분류하고 그들에게 서로 다른 자극을 제시하였다. 한 집단은 유머 영화집단으로 이들에게는 수술 2일 후에 네 가지 특징을 가진 코미디 영화를 관람하게 하였다. 다른 한 집단에게는 유머가 담기지 않은 네 가지 드라마 영화를 관람하게 하였다. 그리고 셋째 집단에게는 영화관람의 기회가 주어지지 않았다. 두 영화관람집단에게는 영화관람 후에 필름을 통해서 얻은 동통경감효과의 정도를 평가하게 하였다.

그 결과, 유머영화관람집단은 2일 동안 아스피린과 같은 가벼운 진통제 복용량이 크게 감소되었다. 그러나 테메롤과 같은 주요진통제 효과는 세 집단에서 크게 다르지 않았다. 더 나아가서 유머영화관람집단에서도 필름 선택의 기회가 주어지지 않은 피험자들은 다른 피험자들에 비해 주요 진통제 선택의 수준이 월등하게 높았다. 자신의 유머선호도와 일치하지 않은 유머영화를 관람한 사람들에게는 진통제가 동통을 경감시키지 않고 오히려 혐오적 효과를 준다는 사실도 암시되었다. 그 외에 환자들에게 자신의 동통과 불쾌감을 평가하게 한 결과, 두 필름 가운데 어느 하나를 선택해서 관람한 피험자도 전혀 필름을 관람하지 않은 사람의 동통과 불쾌감 수준은 현저히 낮았다.

이와 유사한 실험결과에서도 코미디는 수술을 받은 사람에게 큰 도움이 된다는 사실을 발견할 수 있다. 심한 동통을 극복하는 데 웃음이나 유머에는 동통억제효과가 있다. 이와 같은 긍정적인 결과가 측정방법을 달리한 연구결과에서도 일관되게 나타난다는 보장은 받기가 어렵다. 왜냐하면 자기평가결과에서 얻어진 유머감각은 동통식역 혹은 동통감내력과는 거의 상관 없는 것으로 나타난 경우도 있기 때문이다.

웃음의 특성은 웃음 전, 웃음 도중, 그리고 웃음 후에 측정된 심장박동의 변화, 발한, 뇌 전도의 특성에 의해 다르게 나타난다. 조크를 할 때에는 긴장과 각성수준이 증가한다. 웃을 때에는 그 수준이 더 증가하다가 점차 떨어진다. 웃을 때 각성수준이 떨어진다는 사실이 심리학적 측정치와 생리학적 측정치에 잘 나타나는데, 이것은 웃음에 의해 스트레스가 효과적으로 소실된다는 사실의 지표가 된다.

웃음은 장수와 깊은 관계가 있다. 주요 심장발작의 원인은 흡연, 비만, 당뇨병, 고혈압, 높은 혈당 콜레스테롤, 스트레스, 그리고 운동부족 등이다. 이들 위험요인의 수준은 웃음을 통해 효과적으로 조절될 수 있다. 웃음은 분명히 스트레스를 경감시키고 혈압을 떨어뜨린다. A형 성격은 B형 성격에 비해 심장발작의 위험이 크다는 사실은 널리 알려져 있다. 전자는 매우 심각하고 시간관념이 투철하고 인내심이 부족하고, 적개심이 강하다. 이와는 대조적으로 후자는 분노와 적개심의 수준이 매우 높다.

에피네프린 분비수준이 높은 사람의 웃음은 우울한 사람에 비해 더 많다. 뇌하수체에서 분비되는 엔도르핀의 분비수준은 웃음에 의해 조절이 가능하다. 엔도르핀은 화학적으로 보면 헤로인, 모르핀과 같은 마약의 한 종류로 동통을 제거하고 기분을 충전시킨다. 장거리 선수들의 의기충전감 수준을 높은데, 이는 베타-엔도르핀과 깊은 관계가 있다. 웃음은 엔도르핀계통 특히 뇌하수체계통을 자극하여 신체적 스트레스나 동통을 감소시키는 한편 의기충천감을 높여주는 결과를 가져온다.

최근에 출판된 건강서적에서는 웃음의 긍정적 효과가 강조되고 있을 뿐만 아니라 장수와 건강을 촉진시킨다는 점을 크게 강조하고 있다. 이를 입증하는 사례로 유머감각이 뛰어나고 바로크 음악을 애호하며 1952년에 노벨평화상을 받은 Albert Schweitzer1875-1965, 스페인의 첼로 연주자이며 지휘자인 Pablo Casals1876-1973를 들 수 있다. 사실 웃음과 장수의 관계는 매우 복잡하다는 점에 주의할 필요가 있다. 왜냐하면 세계적으로 유명한 코미디언과 희극작가들은 평범한 사람의 수명보다 짧고 유머감각이 있고 웃음이 많은 사람이 장수한다는 자료가 그렇게 많지 못하기 때문이다.

웃음의 부정적 기능과 금기

　웃음에는 긍정적 효과만 있는 것이 아니다. 웃음 때문에 예기치 못한 일이 생기는 수도 있다. 웃음에는 심장기능을 촉진시키는 기능이 있다는 사실을 앞에서 소개하였다. 이와는 반대로 웃음이 뇌졸중이나 심장발작을 유발하는 원인이 된다는 주장도 있다. 복부수술 후의 웃음은 수술 후 처치과정에 부정적 영향을 줄 가능성이 높다.

　전문의사들은 이상열공을 통해 장기가 외부로 탈출하는 헤르니아상태가 약화된 치질과 안과질환 환자에게는 웃음치료를 권하지 않는다. 안전진단을 받지 않은 임산부에게도 웃음치료는 바람직하지 못하다. 폐결핵환자, 만성기관지염 기타 호흡기 장애자는 과도한 웃음은 삼가야 한다. 이들과는 무관하게 자신의 웃음이 상대방에게 불쾌감을 줄 정도라고 판단되면 스스로 전문가의 도움을 받아 볼 필요가 있다.

　웃음의 효과는 의학적 측면에서는 매우 긍정적으로 평가되나 도덕적 측면에서는 부정적으로 평가된다. 중세서양사를 보면 웃음은 점잖치 못한 행동이었고 경우에 따라서는 악마로 낙인찍힐 수도 있다. 중세의 의사들에 의하면 정상적 정서, 예를 들면 사랑의 정서는 신체의 기관 속에 저장되었다고 한다. 웃음은 심장의 심층에 자리잡고 있다고 한다. 그렇기 때문에 그것은 높이

평가되었다. 이와는 달리 웃음은 비장 속에 자리잡은 수준이 낮은 행동의 일종이라고 생각하고 그 가치를 높게 평가하지 않았다. 비장이라는 단어에는 울화나 기분이 나쁘다는 의미가 내포되어 있다.

1676년 종교계의 저명한 작가 Robert Barclay는 그의 한 저서 『진정한 기독교인의 신성에 대한 해명』에 이렇게 기술하였다. 즉, 신자들이 레크리에이션이라는 이름으로 스포츠 경기를 즐기는 것은 바람직하지 못하다. 그것은 기독교인의 침묵, 근엄, 절제의 정신과 부합되지 않는다. 이는 기독교가 누리는 자유도 아니요 무해한 웃음도 아니다. 미국에 정착한 어느 순례자도 웃음을 경멸하고 그것은 도덕교육을 위해서만 사용하는 것이 허용되어야 한다고 주장하였다.

빅토리아 왕조의 영국사람들은 웃음을 경시하였다. 당대의 여성들은 버릇없는 행동에 대해 사죄할 때만 미소짓는 것이 허용되었다. 큰 소리치며 웃는 것은 경시되었고 그것이 허용되지 않았다. 그러므로 그들은 웃음에서 수치감을 느낄 뿐 행복감은 전혀 느끼지 못했다. 빅토리아 왕조의 한 철학자 George Vasey는 그의 한 저서 『웃음과 미소의 철학』에 어린아이의 웃음에 대해 이렇게 기술했다. 즉, 어린아이들의 웃음에는 즐거움이나 유머가 없다. 다만, 유아로서 간지럼을 탔기 때문이다.

어린아이들은 매우 일찍부터 간지럼을 태우면 곧 그에 반응

한다. 아이들은 생각하는 기능이 발달하기 전부터 간지럼을 탄다. 이렇게 해서 아이들이 간지럼을 타기 시작하는데, 그것은 즐거워서가 아니라 단순한 신체적 반응이다. 그들은 사고능력이 발달되기 전에는 간지럼을 태워도 성인과 같이 웃지 못한다.

웃음에 대한 부정적 견해가 1905년 Sigmund Freud의 한 저서 『조크와 무의식의 관계』에 처음으로 소개되었다. 그의 견해에 따르면 유머는 불안의 기재에 있는 괴로움, 혹은 말로 표현되지 못한 적개심의 발로라고 한다. 또 조크는 의식적인 것은 아니지만 마음속에 간직하고 있는 성적 충동과 공격성 충동의 출구역할을 한다고 한다. 그는 공격성 위트와 양질의 유머를 조심스럽게 구분하고 웃음에는 어떤 병적현상도 개입되어 있지 않다고 주장하였다. 사람이 어렵거나 불쾌한 사태에 직면하게 되면 그에 관련되는 조크를 하게 되는데 이것은 그 장면에서 벗어나기 위한 것이다.

웃음은 사악한 것이요 질병의 증후라는 주장과 이와는 달리 웃음은 건강의 근원이며 유익하다는 주장이 있다. 양자의 주장은 주창자의 견지에서 보면 타당하다. 웃음은 심층에 잠재해 있고 무의식적인 적개심과 갈등을 표출한다는 주장도 옳다. 또 웃음은 자기주장, 즐거움, 적응상태를 표시할 수 있다는 주장도 틀린 것이 아니다. 이들의 주장에는 나름대로 확실한 증거가 있다. 그렇지만 웃음과 유머의 기제는 확실하게 설명된 것이 없다. 또

     영장류의 한 비밀 **웃음**

건전한 웃음과 유해하고 병적인 웃음도 확실하게 구분될 수 없
다. 따라서 웃음은 단일의 미분화된 현상으로 다룰 수는 없다.

심리학자 가운데 웃음에는 개인의 적응과 신체적 웰빙에 도
움을 주는 기능이 전혀 없다고 주장하는 사람도 있다. 그들의
주장에 따르면 웃음은 자기경시, 타인에 대한 공격, 방어, 폐쇄
성, 성에 선점된 상태에 지나지 않는다고 한다. 사회학자의 주장
에 따르면 유머에는 사회적 의사소통을 방해하는 기능이 있다
고 한다.

지나친 조크와 위트가 내포된 대화는 대화자 간의 거리를 좁
히지 못한다. 적개심이 다른 사람이나 집단을 공격의 대상으로
만들 듯이 웃음과 유머에는 인간관계를 이간질하는 기능이 있
다. 말을 통해 내적 병리현상은 노출된다. 특히, 위구성 마비, 근
위축, 측샘 경화증, 다발성 경화증과 같은 신경성 질환에는 특이
한 웃음이 수반된다. 이들의 웃음은 돌발적인 것으로 본인의 의
지만으로는 통제가 불가능하다.

이와 마찬가지로 일종의 간질병에 속하는 웃음간질병에도 부
적절한 이상한 웃음이 빈번하게 나타난다. 웃음을 수반하지 않
고 주기적 호흡과 근육수축이 나타나는 사례도 있다. 이들을 자
세히 조사해보면 그들에서는 간뇌의 손상을 발견할 수 있다. 이
는 신체운동과 감각입력을 통제한다. 어떤 환자에서는 언어와
기억의 기능을 통제하는 측두엽의 손상을 발견할 수 있다.

알츠하이머병 환자와 피크병 환자는 자주 저질 조크를 하고 매우 중대한 사건도 가볍게 이해하고 넘어간다. 에틸알코올중독자는 부적절하고, 과도하며, 통제가 불가능한 웃음을 짓는다. 병적 웃음은 마음속의 즐거운 웃음을 표출하지 못하고, 의식적 통제가 불가능하고 주어진 사태에 어울리지 않은 웃음이다. 이와는 달리 정상적 웃음은 주어진 사태에 잘 어울리는 웃음이며, 그것은 의식적으로 통제가 가능하다.

세계 웃음의 날

웃음은 단순한 개인의 경험으로 끝낼 성질이 아니다. 그것은 문화가 다른 모든 사람들이 공유할 필요를 느끼는 경험의 한 부분이다. 그러므로 문화는 달라도 웃음의 행동에 관심을 갖는 사람들이 특수한 그룹을 형성하고 한자리에 모이는 날이 있는데 그것이 곧 세계 웃음의 날이다. 특유한 클럽을 형성하고 있다.

매년 5월 첫째 일요일은 세계 웃음의 날WLD로 웃음에 관심을 갖는 모든 사람들이 모이는 날이다. 세계 웃음의 날은 1998년 1월 11일 인도 뭄바이에서 웃음요가 운동을 추진한 Madan Kafarid에 의해서 시작되었다. 웃음요가에 열중하는 사람의 주장에 의하면 웃음은 인간의 긍정적이며 강력한 정서라고 한다. 또 웃음에는 자신의 변화에 필요한 모든 요소뿐만 아니라 세계를 평화적으로 그리고 긍정적으로 변화시키는 기능이 포함되어 있다고 한다. WLD에는 인도, 미국, 호주, 프랑스, 독일, 덴마크, 스웨덴, 영국, 헝가리의 대표들이 정기적으로 모인다. 2006년 덴마크의 코펜하겐에서 열린 세계 웃음의 날에는 8,000여 명이 모여

축하행사를 가졌다.

　세계 웃음의 날 행사에 참가하는 사람들과 같은 사상을 가진 사람들이 모인 웃음의 단체가 웃음클럽이다. 웃음클럽 멤버의 주장에 의하면 웃음은 우리에게 평화를 가져오며 우리의 내적 평화는 세계의 평화를 가져온다고 한다. 이 클럽은 인도 뭄바이의 Madan Kafarid가 창시한 것으로 그에 가입된 회원은 40여 개 국가에서 모이는 50,000여 명으로 추산되고 있다.

웃음치료기법

　유머치료는 일명 치료적 유머라고도 부른다. 책, 영화나 자신의 생활에서 얻은 즐거웠던 경험을 바탕으로 자발적으로 토의할 기회를 주는 것이 유머치료이다. 이 치료는 특정 개인을 대상으로 실시할 수도 있고 집단을 대상으로 실시할 수도 있다. 이 치료는 의사, 간호사, 정신치료자 등 정신건강전문가 등이 주동이 되어 이끌어간다. 치료의 주제는 치료자나 환자가 모두 웃고 즐길 수 있는 것이라야 된다.

　광대치료는 환자치료에 관계되는 사람이 환자치료를 위해 광대의 역할을 하는 특수한 치료기법이다. 치료자는 특정한 훈련을 받아야 되며 그가 치료자가 되어 치료를 리드해 나간다. 규모가 큰 병원에서는 광대를 위한 광장같은 시설을 운영한다. 광대는 다른 사람을 즐겁게 하기 위해 노래도 부르고 춤도 춘다. 아동병원의 환자는 광대치료를 통해 협동정신이 향상되고 부모나 다른 환자에 대한 불안이 경감된다. 통증을 호소하는 환자는 광대치료를 통해 그것을 호소하는 빈도가 줄어들고 면역기능이 신장된다. 일정 기간의 치료를 받은 아이들은 보다 나은 생활환경으로 이송되면 그 생활에 보다 성공적으로 적응해 나갈 수 있다.

웃음치료자는 내담자 혹은 환자의 웃음기능을 촉진시키기 위해 그가 웃고 즐거웠던 아동기경험, 주위 사람, 책, 코미디언에 대한 정보를 사전에 수집할 필요가 있다. 수집한 정보를 바탕으로 치료자는 내담자 혹은 환자의 웃음을 신장시키는 프로그램을 만든다. 이 과정에서 자기 스스로 즐길 수 있는 기술을 교육시킨다. 이 프로그램을 작성하는 과정에서 치료자는 환자가 재미있게 반응하는 대상을 파악해야 한다.

웃음명상법은 전통적인 명상법과 매우 유사하다. 내담자로 하여금 주의를 집중하게 한다. 이를 위해 웃음을 활용한다. 웃음명상법은 심신을 긴장시키는 단계, 웃거나 소리지르는 단계, 그리고 조용히 명상하는 세 단계로 구성된다. 첫째 단계에서 명상자는 웃음을 자제하고 모든 에너지를 심신을 긴장시키는 데 집중시킨다. 둘째 단계에서 명상자는 점차적으로 미소를 짓는다. 그러고 나서 웃음소리를 내거나 큰소리로 외친다. 셋째 단계에서는 웃거나 큰소리로 외치는 것을 중단한다. 그러고 나서 눈을 감고 주의를 집중한다. 명상시간은 보통 15분이 걸린다. 사람에 따라서 웃음은 불필요한 것 같다고 생각하는 사람도 있다. 그러므로 사람에 따라 서로 다른 프로그램에 따라 훈련시킬 수도 있다.

웃음요가는 전통적 요가와 유사하기는 하지만 그것은 웃음은 물론 호흡, 요가, 긴장이완훈련을 병합한 기술이다. 요가실연은 30~45분간 지속하는데, 훈련받은 지도자의 지도를 필요로 한다. 웃음요가는 개별적으로 실연할 수도 있고 한 집단 혹은 클럽 속에서 실연할 수도 있다. 치료를 목적으로 하는 웃음클럽은 웃음요가의 연장이지만 어떤 조직을 갖춘 집단이다. 유머를 유발하기 위한 자료는 필요하지 않다. 웃음요가는 아사나 요가와 불교에서 강요하는 웃음의 실현과도 유사하다. 웃음과 관계되는 운동, 예를 들면 웃음요가, 웃음클럽, 세계 웃음의 날은 웃음을 치료수단으로 사용하는 인구증가에 따라 증가하고 있다.

인도 뭄바이의 Madan Kafarid는 웃음을 기반으로 요가훈련법을 널리 전파시키는 한편, 국제웃음클럽을 조직하였다. 초기인 1995년에는 자기 집에서 소규모로 시작했으나 그 수가 폭발적으로 증가하여 지금은 뭄바이에만 28개의 클럽이 있다. 초기의 Kafarid 클럽에서는 서로 조크를 주고받는 것이 주축을 이뤘다. 이제는 조크보다는 웃음이 주축이 되어 그에 참여한 집단은 '호호 하하'를 반복한 후에 입을 벌렸다 닫는 운동을 반복한다. 그들이 선호하는 자세는 머리 위에 손을 대고 서 있는 자세이고 기독교 오순절에 행하는 기도자세를 취하면서 큰소리로 웃는다. 이것은 혈압을 낮추고 호흡기능을 강화시키고 보다 건강한 상태를 유지하는 데 도움이 된다.

웃음은 긍정적 에너지이다. 웃음요가나 아사나 요가 시연은
건강과 웰빙을 촉진시키고, 삶의 깊은 의미를 깨닫게 하는 데
도움이 된다. 웃음요가는 신체적 운동을 이용한 요가로서 긴장
이완을 위한 단순한 웃음운동이다. 부드러운 요가호흡법과 스
트레칭, 리듬에 맞춰 ‘호호 하하’를 소리내어 반복하면 그것이
곧 웃음으로 바뀌어진다. 웃음효과는 종교도 아니고 어떤 정치
적 수단도 아니다. 웃음요가 훈련시간은 20~30분이면 족하다.
이 시간은 필요욕구, 능력, 동기에 따라 조절할 수 있다. 웃음요
가의 창시자는 웃음클럽을 창시한 인도의 Madan Kafarid이다.

  영장류의 한 비밀 **웃음**

웃음유발의 열 가지 묘책

개인의 웃음은 상업적인 것이거나 치료를 위한 것이거나 적절한 시기에 적절한 환경에서 이뤄져야 한다. 메릴랜드 대학교의 심리학 교수 Robert Provine은 자신이 10여 년 간에 경험한 실패와 성공을 기초로 하여 보다 효과적이고 많은 웃음을 유발하는 다음과 같은 10가지 묘책을 발견하였다. 이 묘책은 매우 일반적인 것으로 특별한 기술을 필요로 하지 않는다. 이 묘책은 경험적 검증을 거친 것은 물론 아니다.

• 무엇보다도 풍체가 좋은 사람을 찾아라.

웃음은 사회적 신호이다. 외롭게 생활하는 사람에서는 웃음을 찾기 어렵다. 쉽게 웃음을 유발하는 두 사회집단이 있다. 경쟁적 관계에 있는 사람들 사이에서는 쉽게 웃음을 주고받는다. 만일 어느 한 사람이 사회적 접촉을 기피하거나 혹은 그것이 불가능할 때에는 어느 한 사람이 그를 찾아가 웃도록 자극한다. 속세를 떠난 은둔생활자, 병원 환자, 병약자 혹은 양로원 생활자에게는

TV세트가 유일한 벗이다. 그들은 이를 통해 대상적·사회적 접촉은 할 수 있으나 거기에서 사회적 상호작용의 의미는 찾지 못한다. 이는 거리가 먼 세상을 바라보는 칩이다. TV세트보다 더 효과적으로 웃음을 유발하는 대상이 있다. 그것은 개나 고양이이다. 이들은 꼭 껴안고 싶고 정이 가는 동물이다. 여기서 사람의 웃음과 같은 것은 발견할 수 없다. 이들을 통해서 웃음의 경험은 얻기 어렵다.

• 되도록이면 많은 사람과 어울려서 즐겨라.

모든 조건이 동일하다면 칵테일 파티나 영화관에서는 사람이 많을수록 웃음소리가 더 많이 그리고 빈번하게 들린다. 텅 빈 집에서는 웃음소리를 듣기가 어렵다. 코미디언들은 이를 너무 잘 알고 있다. 규모가 큰 쇼핑센터에서는 고객의 기분을 좋은 방향으로 전환시키기 위해 사회적 승수법을 활용한다.

쇼핑센터는 쇼핑만을 위한 곳이 아니다. 친구를 만나면 자신도 모르는 사이에 어수선을 떤다. 이것은 자신의 즐거움을 자아내는 한편 다른 사람의 충동적 구매를 촉진시킨다. 이와는 달리 소규모의 쇼핑센터에 오는 손님은 비교적 조용하다. 서로 웃고 떠드는 법이 없다. 조용히 쇼핑만 하면서 쇼핑센터를 벗어난다. 쇼핑센터에서 많은 사람을 웃게 분위기를 조성하면 고객의 수가 늘어나고 구매량이 늘어나는 데 큰 도움이 된다. 웃음은 간접적이기는 하지만 성공적 물품판매의 지표가 된다.

• 보다 광범위하고 빈번한 대인관계를 가져라.

보다 많은 사람과 보다 빈번하게 얼굴을 맞대거나 눈을 마주
칠수록 보다 더 많은 웃음의 기회를 갖게 된다. 파티에서는 서
로 안면이 없는 사람들도 만난다. 주빈은 서로 안면이 없는 사
람들을 소개해서 친근감을 갖도록 한다. 그것을 훌륭하게 수행
하는 사람이 훌륭한 주빈으로 평가받는다. 왜냐하면, 그런 분위
기에서 보다 많은 웃음이 나오기 때문이다. 대집단에서는 별로
웃음의 기회가 없다. 그들 사이에는 큰 거리감이 있기 때문이다.
규모가 큰 쇼핑센터에서 급히 물건을 사서 거기에서 빠져나오
는 사람끼리는 웃을 일이 없다. 그러나 마지막 마주치는 곳에서
는 얼굴이 마주치고 눈을 마주치면 서로 반갑게 웃는다.

• 편안한 분위기를 조성하라.

시간적으로 압력을 받거나 심한 독촉을 받는 사람에서는 웃
음을 기대할 수 없다. 근심과 불안을 야기하는 장소에서는 웃음
은 기대할 수 없다. 편안한 환경에서는 피해의식을 느끼지 않는
다. 규모가 큰 쇼핑센터에서 불량한 인상을 가진 사람이 내 핸
드백을 노린다든지, 사소한 자기 일에 과도한 관심을 갖는 사람
과 마주쳤을 때에는 마음이 편할 수 없다. 큰 쇼핑센터에 나온

사람들의 대부분은 물건을 사는 것만이 목적이 아니라 그들은 일시적이지만 가정이나 직장의 스트레스에서 벗어나고 싶은 사람들이다. 그러므로 쇼핑센터는 고객이 보다 느긋한 기분을 느낄 수 있는 분위기를 조성해야 한다. 그러기 위해서는 긴장감을 주는 것들, 예를 들면 시계 같은 것을 눈에 띄게 내걸면 안 된다. 그것은 판매 분위기를 방해하고 웃음의 분위기를 손상시키기 때문이다.

규모가 큰 쇼핑센터에서는 모든 고객의 눈에 쉽게 띄는 곳에 대형시계를 거는 것은 금물이다. 서점의 분위기도 달라져야 한다. 책만 사는 곳이 아니라 커피도 마실 수 있고 생음악을 들을 수 있고 차분한 분위기에서 독서도 할 수 있어야 한다. 현대식 공항도 큰 쇼핑센터와 같이 간이음식점이 있고 레스토랑이 있다. 이것이 곧 승객들에게는 좋은 정보제공의 시설기능을 한다.

• 언제라도 웃을 수 있는 태도를 취하라.

자기 스스로 자발적으로 웃는 성품은 아닐지라도 스스로 웃음의 문턱을 낮춰라. 항상 웃으려고 노력하고 웃을 수 있게 자기 스스로 준비를 해야 한다. 이러한 의지를 갖고 그러한 태도를 가지게 되면 웃음의 사회적 · 물리적 환경이 조성된다. 그러기 위해서는 친구가 주최하는 파티에 자주 참석할 필요가 있다.

　　　　　　　　　　　　영장류의 한 비밀 **웃음**

- 전파성 웃음효과를 개발하라.

웃음이 많은 사람과 자주 접촉하게 되면 자기 자신도 많이 웃게 된다. 웃음이 웃음을 촉발시킨다는 사실을 생각해보자. 자신이 보다 더 많이 웃고 싶을 때에는 보다 명랑하고 보다 좋은 사람과 접촉하고 싶을 것이다. 그렇지 못한 사람은 회피하려고 할 것이다. 우리는 수많은 무분별한 사회적 동물 속에서 살고 있다.

집단의 크기가 커질수록 보다 더 많은 웃음의 기회를 갖게 되고 웃음의 효과는 확산된다. 사람이 많을수록 서로 상대방의 웃음을 유발시키기 때문에 집단 규모가 커지면 그 만큼 웃음의 기회가 더 많아진다. 이상하게도 실체가 없는 웃음도 사람의 웃음을 자아낸다. 웃음의 확산효과는 베일 속에 숨겨진 현실의 합리성과 실체를 파악하는 데 도움이 된다.

- 흥미진진한 이야기거리를 마련하라.

웃음을 유발하는 방법은 매우 다양하다. 조크, 만화, 비디오, 필름, 그리고 청각자극에 의해 웃는 경우가 많다. 그러나 이것들이 반드시 최상의 수단은 아니다. 그 안에는 이해하기 힘든 문제들이 내포되어 있다. 대상의 진실한 의미를 파악할 수 있어야 진실한 웃음이 나온다. 다른 사람을 위해 유머를 선택할 때에는 그 속에 담겨진 다양한 의미를 이해할 필요가 있다. 일방적 코미디는 상대방을 지루하게 만든다. 병원에 가보면 환자들을 위해 잡지, 비디오, 조크 서적, 사진, 인형, 그리고 다양한 오락기구들이 준비되어 있다. 이는 최소의 경비로 환자에게 웃음을 제공하는 자료들이다. 중요한 것은 사람들이 그것을 활용하는 것이다. 단순히 모아 놓은 것만으로는 아무런 의미가 없다.

• 사회적 제지요건을 제거하라.

사람들은 일반적으로 사회적 제약이 없는 자연스런 환경에서는 보다 자연스럽게 웃을 수 있다. 정이 많은 조직의 성원으로 얼굴이 널리 알려진 사람은 흔하지 않은 옷차림을 선호한다. 또, 그들은 낯선 사람이 모이는 행사에 참여하는 것을 기피하는 경향이 있다. 일반에게 얼굴이 널리 알려져 있지 않은 사람은 사회적 노출이 제한된 장소에서는 자유롭게 웃을 수가 있다. 다른 사람의 눈이 닿지 않은 조용한 공간에서는 동료들과 쾌활하고, 수다스럽게, 그리고 자연스럽게 함박웃음을 지으며 즐길 수가 있다. 아주 가까운 친구가 문병한 친구들과 이야기하는 것이 어렵게 느끼면 칸막이를 한다든지, 스크린을 쳐주면 자연스럽게 대화도 하고 웃으며 즐기기도 한다. 사회적 제지의 영향을 경감시키기 위해서는 가까운 친구들과 함께 자리를 갖게 하는 것도 좋다. 직장동료들과의 즐거운 스포츠에는 의사소통을 원활하게 하는 기능이 있다. 또 그것을 통해 예기치 못했던 치료효과까지도 얻을 수 있다. 피동적으로 참여하는 파티나 피크닉에서는 그러

  영장류의 한 비밀 **웃음**

한 효과를 기대할 수 없다. 알코올과 같은 약물을 매체로 하여 사회적 제지를 제거하고 웃는 것은 건전한 방법이 아니다. 이와 같은 방법은 생리적 의존성을 가져올 위험이 있고 자기 스스로 사회적 활동을 증진시킬 수 있다는 자신감을 상실하게 할 또 다른 위험이 따른다.

• 사회적 행사에 적극 참여하라.

다양한 사회적 행사에 적극 참여하는 것은 많은 사람들과 어울려 웃고 즐기는 기회가 된다. 이런 행사참여를 통해 마음껏 즐길 수도 있다. 만일 사회적 행사가 참여자들에게 즐거운 시간이 되었다면 이는 장차 사회적 행사를 구상하는 사람에게는 큰 용기를 주는 결과를 가져온다. 대기업들이 상품판매를 위해 화려한 쇼를 펴는 것도 이와 같은 의미를 갖는다.

극장에서는 돈도 벌고 손님에게 흥미를 제공한다. 미국의 한 쇼핑센터에 있는 제과공장에는 쇼가 있을 때마다 관객에게 제공할 과자를 만드는 종업원이 있다. 이것을 본 관광객들이 그 제조과정을 보기 위해 잠시 멈춘다. 이것을 통해 관광객들은 그 쇼핑센터에 대한 좋은 이미지를 얻게 된다.

• 간지럼을 태워주어라.

간지럼은 고대로부터 웃음을 자극하는 훌륭한 매체로 인정되고 있다. 그렇지만 간지럼을 태워서 웃게 할 때에는 독한 약을 복용시키는 것과 같이 매우 조심해야 한다. 왜냐하면, 간지럼을 잘못 태우면 웃음보다는 예기치 못했던 심한 부작용이 따르기 때문이다. 일정한 수준의 나이에 이른 간지럼을 태우는 사람이나 간지럼을 타는 사람에게는 매우 유용한 신체적 놀이와 같은 기능을 한다. 무차별한 간지럼은 사회적 · 신체적 위험을 불러일으킬 위험이 크다. 그러므로 간지럼을 통해 다른 사람을 웃기려고 할 때에는 그에 수반되는 전문적 지식을 습득할 필요가 있다.

제4장 유머

위트는 다른 사람을 즐겁게 하고,
풍자는 세상을 즐겁게 하고,
유머는 자신을 즐겁게 한다.
James Thurber(1894-1961), 미국의 만화풍자가

유 머

유머는 다른 사람의 즐거운 감정을 유발하고 웃음을 자아내고 행복하다고 느끼게 하는 능력이다. 유머감각을 자극하는 것은 인물일 수도 있고 사물일 수도 있고 혹은 사태일 수도 있다. 『*Oxford English Dictionary*』를 보면 괴이하고, 익살스럽고, 유쾌하고, 희극적이고, 재미있는 행동이나 연설을 불러일으키는 것을 유머라고 정의하고 있다.

심리학적 관점에서 보면 유머는 인지, 정서, 정신생리기능 등으로 이뤄진 매우 복잡한 인간행동이다. 유머는 즐거움, 환희, 희망, 신뢰와 같은 긍정적 정서는 물론 개인의 총체적 웰빙감각을 창출하는 근원이다. 그러므로 유머에는 치유기능이 있다. 유머는 긍정적 극복책략의 수단으로 쓰인다. 여기에는 공포나 죽음의 감정을 해소시키는 기능도 있다. 유머에는 사람에게 웃음과 즐거움을 주는 기능이 있다. 이 기능을 과학적으로 연구하는 학문이 곧 '웃음의 과학' Gelotology이다. 이 어원은 히랍어의 'Gelos'에서 찾을 수 있다. 이를 보다 전문적으로 정의하자면 그

의미는 보다 다양해진다. 유머가 있는 일상생활의 의사소통에는 행복감이 수반되고 그에 대한 반응으로 웃음이 자연스럽게 나온다. 유머감각을 자극하는 대상은 매우 다양하다. 그렇지만 주어진 사태를 보다 즐겁게 지각하는 것은 개인이나 사회의 특성에 따라 다르다.

누구나 즐거울 때 웃으며 즐긴다. 그러나 그것이 곧 유머감각의 산물은 아니다. 긍정적 웃음에도 여러가지 정서적 반응이 내포되어 있다. 웃음과 유머는 사랑의 개념과 같이 매우 복잡한 심리적 현상이다. 그러므로 정의하기도 어렵고 연구자들 사이에 공통된 의견을 찾기가 매우 어렵다. 유머의 본질은 즐거운 감정을 기본으로 하고 있기 때문에 즐거운 행동과 사고의 본질을 이해하는 데 큰 도움이 된다. 유머는 웃음이나 미소를 통해 밖으로 표출되기도 한다.

즐거움의 본능적 표현 혹은 즐거운 감정의 표현수단인 유머는 우리생활과 밀접한 관계가 있지만 그 실체는 매우 복잡하다. 지난 2000여 년 동안 많은 철학자들을 포함한 유관과학자들이 그 본질을 밝히는 데 많은 시간과 노력을 투자하였다. 불행하게도 모두가 공감할 수 있는 그 실체는 밝혀내지 못하고 있다. 전문가들마다 서로 다른 개념의 체계를 갖고 있다. 즉, 우월성 이론가들은 정서기능을 중심으로 공격성충동을 사회적으로 표출된 것이 유머라고 한다. 부조화 이론가들은 개인의 인지기능을 중

심으로 두 가지 상반되거나 어울리지 않은 대상을 연결지으려
고 시도하는 것이 유머라고 한다.

뇌 연구자들의 주장에 의하면 유머의 수준은 우반구의 기능
에 의해서 결정되며 우반구가 손상되면 유머기능도 소실된다고
한다. 구제 이론가들에 의하면 금기된 동기가 웃음을 통해서 외
부에 표출되는데, 그것이 곧 유머라고 생각하는 경향이 있다.

존엄성 이론가들의 주장에 의하면 신이 개인에게 내린 특수
한 기능이 유머라고 한다. 그러므로 유머에는 혼돈상태를 통합
시켜 그 안에서 참된 자신을 찾는 데 도움을 주는 기능이 있다
고 한다. 적개심의 표출현상이 곧 유머이다. 이와 같은 주장은
Plato 427-347, B.C.의 『필레버스Philebus』, Aristotle384-322, B.C.의
『시론Poetics』 Thomas Hobbes1588-1679의 『리바이턴Leviathan』, 그
리고 Jean Jacques Rousseau1712-1778의 여러 저서에 자세히 기술
되어 있다.

바람직하지 못한 것과 잔인한 것이 웃음을 통해 표출된 것이
유머이다. 또, 타인에 대한 흉악성과 흉칙성이 웃음을 통해 조
소적으로 표출된 것이 유머라고 보기도 한다. 결여된 매력을 공
격적으로 표출하는 웃음은 남을 즐겁게 하는 것이 아니라 고통
을 주는 것이다. 코미디는 상대방을 보다 악랄하고 비극적으로
억압하기 위한 수단이고 익살맞은 행동은 추한 모습의 한 단면
이다.

그러면 유머는 신이 내린 축복의 산물인가, 아니면 저주의 산물인가. 불행하게도 우리는 지금까지 이에 대한 확실한 대답을 갖지 못하고 있다. 농담은 쓰라린 과거를 잊기 위한 하나의 방편이며 동시에 그에 대한 전율을 위장하기 위한 수단이다. 전율을 위장한다는 것을 장차 직면하게 될 전율을 부정하고, 자신의 잘못에 대한 책임을 지며 더 나아가서 비참한 환경을 피하는 방법을 습득함을 뜻한다. 이러한 의미에서 보면 유머는 본질적으로 불길한 행동이다. 왜냐하면, 우리는 그것을 통해 속박에서 벗어나 자유롭게 생존하는 것을 습득할 수 없기 때문이다. 심리학자들은 위장된 전율을 매우 긍정적으로 평가하는 한편, 그것을 정서중심의 극복책략으로 해석하기도 한다.

철학자와 의사들은 유머에 대해 심한 편견을 가지고 있다. 이것은 고대 철학자들의 주장과는 크게 다르다. 한때 유머나 웃음은 긍정적 평가를 받았다. 하루에 한 번 웃으면 질병도 이겨낼 수 있다는 주장이 있었고, 그 주장은 지금도 우리 주변을 맴돌고 있다. 유머가 건강에 긍정적 영향을 준다는 것이 철학자와 의사의 주장이다. Gottlies Huteland에 의하면 웃음은 우리가 알고 있는 지식을 소화하는 데 큰 도움을 준다고 한다. 우리 선조들의 유행습관, 중세 황후와 귀족들이 거느리던 어릿광대나 익살꾼의 행동에는 의학적 치료효과가 있다. 식탁에서 명랑하고 즐거움을 자아내는 친구는 매우 가치 있는 존재이다. 이런 환경에서의 음식섭취는 즐거움을 자아내고, 이 즐거움은 건전한 혈액생산을 촉진시킨다고 한다.

유머를 경험할 수 있는 능력을 유머감각이라고 하는데, 이런 감각은 모든 사람이 가지고 있다. 다만, 그 수준이 다를 뿐이다. 이는 지역특성, 문화, 성숙된 교육수준에 따라 달라진다.

유머감각은 중요한 성격특성 혹은 개인차 변인이다. 또 이것은 중요한 사회적 적응기능의 하나이다. 따라서 유머감각은 인간의 모든 행동, 경험, 정동, 태도의 지속적인 개인차로서 즐기고, 웃고, 익살부리는 능력이다. 유머감각의 유형은 성격특성에 따라 ① 자기의 과실을 보고 웃는 매력적 여자형, ②한 가지 사실을 보고 두 사람 이상이 동시에 웃는 협동형, ③ 상상적 위트가 넘치는 창의형, 그리고 ④ 다른 사람을 웃기는 파티형으로 분류되며 파티형을 다시 ① 법석떠는 병적인 흉악한 형, ② 과시형, 그리고 ③ 풍자형으로 세분된다.

유머는 가장 강력한 심리적 방어기제이다. 우리는 유머를 통해 어려운 문제를 효과적으로 해결하고 부정적 정서경험을 효과적으로 피할 수 있다. 자기의 능력을 제대로 평가하고 순리에 맞게 문제를 재조직하고 불쾌한 경험을 처리하는 효과적인 방법이 유머이다. 스트레스 교류이론에 의하면 자신이 어떤 위협을 받고 있다고 생각되거나 심한 환경의 도전을 받게 될 것이라고 생각될 때 심한 스트레스를 받는다고 한다. 스트레스를 받은 사람은 그 사태의 심각성을 평가하고 그것이 자신의 웰빙에 주는 영향을 인지적으로 평가할 뿐 아니라 그것을 극복하는 데 활용 가능한 방법을 탐색하게 된다. 이 방법은 개인의 특성에 따라 크게 다르다. 그렇지만 그들은 스트레스 원인을 재해석하고 위협의 근원이나 환경변화를 시도하는 것에서는 크게 다르지 않다. 이 과정에서 보다 큰 비중을 차지하는 것이 유머이다.

즐거운 경험을 가진 사람은 공통적으로 자신도 모르게 웃고 유머 있게 이야기한다. 그렇지만 왜 자신이 웃고 유머 있게 이야기했는지 생각해 보는 사람은 거의 없다. 왜 우리가 웃고 유머 있게 이야기하는가. Charles Darwin1809-1882에 의하면 웃음에는 사회적 기능이 있다고 한다. 개인의 정서활동을 신장시키는 것은 물론 다른 기능에도 긍정적 영향을 주는 음성표출의 한 수단이라고 한다. 이와 같은 주장과 상반되는 주장도 있다. 즉, 그들의 주장에 의하면 음성표출은 자신의 정서표출수단이 아니고 다른 사람의 행동에 대한 정서반응수단이라고 한다.

웃음과 유머에는 집단의 응집력을 강화시키는 기능이 있다. 웃음에는 친화관계를 촉진시키는 기능이 있다. 이에 긍정적 반응으로 나타나는 것이 미소이다. 유머에는 우울증은 물론 손상된 자존심을 회복시키는 기능도 있다. 유머에는 웃음과 같이 유쾌한 정서를 유발하며 기분을 들뜨게 하는 기능이 있다. 유머는 인지적 부조화 혹은 역설을 보다 즐겁게 지각하는 기능이다. 사

 영장류의 한 비밀 **웃음**

회적 측면에서 보면 유머와 웃음에는 대인관계에서는 의사소통을 통해 원활하게 하며 매력있게 보이게 하는 기능이 있다. 유머는 웃음과 같이 유쾌한 정서경험을 유발하며 우리에게 행복감을 유발시키는 자극이다.

익살 혹은 해학과 함께 유머는 의사소통의 한 수단이다. 유머는 웃음이라는 반사행동을 매개로 하여 사람의 마음을 즐겁게 해준다. 외관상 유머에는 사람들을 기쁘게 하는 기능이 있어 보이지만 자세히 분석해 보면 이와는 전혀 무관한 요소들, 예를 들면 공격성, 불만, 그리고 악의 등으로 구성되어 있다. 유머를 구성하는 공격성의 특성은 아이들이나 어른들의 놀이에 그대로 표출된다. 때로는 그것이 크게 왜곡되어 진지한 대화가 우스운 이야기로 변질되기도 한다. 공격적·사회적 감정은 유머에 의해 사회적으로 수용가능하게 표출되기도 한다. 유머에는 웃음이라는 반사적 행동을 통해 긴장을 완화시키는 기능이 있다.

인류학자의 견해에 따르면 원시민족은 매우 무자비한 장면을 보고도 그것을 유머 있게 이야기하며 즐기는 경향이 있었다고 한다. 인류의 문화수준이 향상되면서 물질보다는 말을 매개로 한 유머가 더 성행하기 시작하였다. 일반적으로 유머는 특정한 웃음을 유발하는 특정한 상태 혹은 그 조건으로서 사람에 따라 그것은 다르게 해석된다. 외적 대상과 비교하거나 그와 대비시킴으로써 상대방에게 웃음을 유발시키는 것이 기지 혹은 위트이다.

　이와 같이 위트는 외적 대상과의 비교를 통해서, 혹은 그 자체 속에서 웃음을 유발하는 것이 특징이다. 위트는 기교의 산물이며 유머는 그 천성과 우연의 결과이다. Sigmund Freud는 말의 결합을 통해 웃음을 유발하는 것을 위트, 웃음을 유발하는 사건이나 사물을 코믹, 그리고 자신의 불행을 경감시키기 위한 웃음을 유머라고 생각하였다. H. W. Fowler는 문학적 관점에서 웃음과 그와 유사한 행동을 유발하는 주요 조건을 표 4-1과 같이 분류하였다.

표 4-1 웃음과 그와 유사한 행동을 유발하는 주요 조건

	동기 · 목표	영역	방법 · 수단	대상
유머	발견	인간성	관찰	공감자
위트	빛을 던지다	말 · 아이디어	놀람	지식인
풍자	수정	도덕적 행위	강조	자기만족
비꼬기	고통주기	결함	도취	희생 · 방관
독설	불신	무행적	직접 표명	군중
아이러니	배타	사실표명	막연함	자기서클
냉소	자기정당화	도덕	사실 폭로	존경하는 사람
자조	자기구제	재난	비관론	자아

영장류의 한 비밀 **웃음**

철학적 문학적 이론가들은 유머를 놀이, 위안, 웃음이 중심이 되는 것과 놀람, 부적합, 모순을 포함한 불안, 근심, 걱정, 불쾌감을 유발하는 사태가 중심이 되는 것으로 양분하였다. 이 두 가지 서로 상반되는 주장을 절충한 주장이 있다. 그들의 주장에 따르면 불쾌한 경험에 유쾌한 요인이 동시에 작용하도록 하는 힘을 가진 것이 유머 혹은 웃음이라고 한다.

유머의 기능은 주장하는 사람의 관점에 따라 다르다. 즉, 정신분석자는 무의식적 동기에 역점을 두고 있다. 그들의 주장에 따르면 웃음이나 유머는 표상, 애정, 억압과 같은 정신활동에 있어서 잉여에너지를 방출하는 수단이 유머라고 한다. 이와는 달리 형태주의 심리학자들은 지각적 측면에 역점을 두고 있다. 즉, 유머 특히 농담의 본질을 이해하는 데 있어서 지각적 패턴은 객관적으로 구성할 필요가 있다고 주장한다. 그러나 지각적 재구조화과정의 일관성은 보장할 수가 없다. 이것이 곧 생산적 사고와 다른 점이다.

이와 같은 입장을 종합한 지식은 탐색적 행동연구에 적용되었다. 이들의 주장에 따르면 유머에는 각성수준을 고조시키는 기능과 그것을 저하 혹은 중간 정도로 유지하게 하는 요인을 내포하고 있다고 한다. 각성수준을 높이기도 하고 낮추기도 하는 요인은 매우 다양하다. 유머의 각성수준은 신기성, 놀람, 부적합, 복잡성, 곤혹감 등에 의해 결정된다.

유머와 체액

　유머라는 용어의 기원은 고대 희랍의 액소성 의학에서 찾을 수 있다 그들의 주장에 따르면 체액으로 알려진 액체의 혼합물이 인간의 건강과 정서를 제어한다고 한다. 그들은 체액균형이 상실되면 성격특성에도 큰 변화가 온다고 생각하였다. 이 체액의 개념은 고대 그리스의 사상가들에 의해 기원전 400년에 이미 크게 발달하였다. 이 이론은 Empedocles의 4대 원소설에 직결된다. 이 원소는 체액은 물론 계절과도 밀접한 관계가 있다. 4대 체액이론의 특징과 그 후의 발달과정은 표 4-2와 같이 요약할 수 있다.

　체액이론은 여러 사람에 의해 의학 분야에 널리 활용되었다. Hippocrates도 그 가운데 한 사람이다. 이 액소성이론 혹은 4대 기질론은 의학적 이론으로 널리 활용되었다. 이 이론은 Galen 131-201의 저서를 통해 일반화되었다. 이 이론은 1858년 독일의 병리학자 Rudolf Virchow1821-1902의 세포병리이론으로 대치되었다. Galen의 체액이론에는 많은 놀라운 사실이 내포되어 있

영장류의 한 비밀 **웃음**

400 B.C.	Hippocrates의 4대 체액	혈액	흑담즙	황담즙	점액
	계절 원소 기관 특성	봄 공기 간 용기, 호색	가을 땅 비장 의기소침	여름 불 쓸개 분노	겨울 물 뇌/폐 조용
325 B.C.	Aristotle의 4대행복원	쾌락 (심미적)	Propraitari (자산획득)	예의(도덕적 비축)	대화(논리적 탐구)
190	Galen의 4대기질설	다혈질	우울증	담즙질	점액질
1550	Paracelsus의 4대토템영혼설	변화하기 쉬운 군인	부지런한 노인	고무된 여신	호기심 많은 요정
1905	Adicke의 4대세계관	혁신적	전통적	교조주의	회의적
	Spranger의 4대가치태도	예술가	경제인	종교인	이혼가
1320	Kretchmer의 4대성격유형	경조증	우울증	초심미형	둔감형
1947	Erich-Fromm의 4대성향설	착취성	축적	수용	쇼핑
1958	Mayers의 인지적 기능형	SP- 감각적 지각	SJ- 감각적 판단	NF- 직관적 감정	NT- 직관적 사고
1978	Keirsey의 4대기질설	예술인	관리인	이상가	합리성
2006	Linda Berens의 기질설	진취인	안정인	치유자	이론가

다. 즉, 체액은 신체내부에서 발생한다. 서로 다른 음식은 여러 가지 서로 다른 체액을 생산하여 신체기능에 영향을 준다.

예를 들면, 따뜻한 음식은 황담즙을 생산하고, 찬음식은 점액을 생산한다. 한 해의 계절, 수명의 기간, 지리적 조건, 그리고 직업특성도 체액에 영향을 준다. 체액의 불균형은 질병을 유발하는 직접적 원인으로 작용한다. 건강상태는 체액의 균형상태에 따라 결정된다. 더 나아가서 체액의 질은 질병의 특성을 결정한다. 황담즙은 따뜻한 질병을 일으키고 점액은 냉한 질병을 일으키는 원인으로 작용한다. 기질에 대한 이론에서 Galen은 질병의 특성에 큰 관심을 가지게 되었다. 가장 이상적인 기질은 네 가지 체액이 균형 있게 혼합된 상태라고 믿었다.

Galen은 체액이론을 바탕으로 네 가지 중요한 기질과 그 특성을 발견하였다. 즉, 온, 냉, 습, 건 가운데 한 가지 특성이 두드러진 사람이 월등하게 많고 온과 습, 온과 건, 냉과 건, 냉과 습이 결합된 특성도 적지 않다. 이 네 가지 체액 특성은 다혈질, 담즙질, 우울증, 점액질과 관계가 있고 그 중에 한 가지 특징이 두드러지게 나타난다. 기질이라는 용어는 심리학적 소질과 깊은 관계가 있다. Galen에 의하면 체액은 신체적 질병은 물론, 행동 특성, 정서적 소질과 깊은 관계가 있다고 한다. 네 가지 체액은 서로 다른 성격특성과 밀접한 관계가 있다. 예술과 마찬가지로 유머의 특성도 시대변화에 따라 다르게 해석된다.

유머에 대한 지각도 사회인류적 특성에 따라 달라진다. 코미디는 인류 역사를 통해 즐거움을 누리는 수단으로 크게 변화화지 않았다. 조정의 임금이나 촌락의 농민이나 모두 함께 즐기는 수단이다. 문화적 배경에 따라 유머에 대한 해석이 달라진다. 즉, 원시시대에는 악마가 조작한 산물이 유머로 간주되었다. 청교도시대의 유머는 도덕적 죄로 인정되었기 때문에 웃는 것이 금기되기도 하였다.

유머의 특성

유머는 사회적 욕망의 특성과 깊은 관계가 있는 것으로 대부분 사람들은 자신의 유머 수준을 높이 평가하는 경향이 있다. William McDougall1871-1938과 Norman Cousins1915-1990은 유머에는 정서중심의 극복책략 기능이 포함되어 있다고 주장하였다. 실제 생활 스트레스 원에 대한 정서반응의 특성을 조사해 보면 유머 수준이 높은 사람일수록 우울증 수준은 낮다. 유머를 통해 웰빙, 낙관주의, 그리고 쾌감의 특성을 발견할 수 있다. 유머에는 불쾌한 정서의 강도를 감소시켜주는 기능이 있다는 사실은 오래 전에 밝혀졌으나 그 조정과정은 아직 밝혀진 것이 없다.

유머는 보다 강한 긍정적 극복책략에 속한다. 그것은 단순한 회피나 거부와 같은 극복책략과는 다르다. 거기에는 보다 적극적으로 위험에 접근하는 기능이 있다. 행동의 특성에서 유머수준이 높은 사람과 낙관적 태도를 가진 사람은 매우 유사하다. 위험성이 높은 유방암과의 투병과정에서도 불쾌한 정서를 비교적 적게 경험한다. 유머수준에 따라 사태를 서로 다르게 지각한다. 즉, 중요한 시험을 앞둔 학생의 경우를 생각해보자. 유머수준이 높은 학생은 시험 그 자체를 위협이라기보다 자신이 극복해야 할 도전으로 생각하는 경향이 있다. 그러나 유머수준이 낮은 학생은 그것을 큰 위협이라고 지각한다.

유머에는 개인의 건강과 웰빙수준을 향상시키는 긍정적 기능이 있다. 우리에게 유용한 유머감각수준은 심리학적 방법으로 향상시킬 수 있다. 처음으로 이와 같은 접근을 시도한 것은 정신치료자들이다. 유머는 정신치료효과를 크게 향상시킨다. 그러나 이와 같은 주장은 기술적인 뒷받침을 받지 못하고 있다.

교사들을 피험자로 하여 보다 많은 유머를 활용하는 치료프로그램이 개발되었는데, 이는 후에 유머감각을 높이는 기술개발의 기초가 되었다. 이들의 영향을 받은 사람들은 유머를 크게 이해, 생성, 그리고 소질과 같은 세 측면으로 구분하였다. 이들은 유머의 소질요인에 동기, 사회성 그리고 심리적 요인을 추가하였다. 그러나 이것은 스스로 자신의 유머감각을 향상시키고 보다 많은 유머를 생성하는 프로그램 개발에는 큰 도움이 되지 못한다.

유머감각은 투병과정에는 물론, 그로부터 회복하는 과정에도 큰 도움이 된다. 유머감각 수준이 높은 초기 유방암 환자의 질병회복속도는 빠르다. 유머수준과 낙관주의적 태도는 질병상태와 밀접한 상관관계가 있다. 이와 같은 주장의 타당성을 입증하기 위하여 행해진 한 실험과 그 결과를 살펴보자.

실험자는 유방암환자를 대상으로 외과수술 전, 외과수술 중, 그리고 외과수술 3개월, 6개월, 12개월 후 모두 5회에 걸쳐 환자와 웃으며 유방암에 대한 이야기를 주고받은 빈도를 조사하였다. 그 결과, 5회의 평가과정에서 기분이 좋지 못할 때에는 유머의 수준도 크게 떨어지며 다른 질병에 걸리게 될 위험이 크게 증가한다는 사실을 발견하였다. 높은 수준의 낙관주의적 태도와 유머는 투병생활에 긍정적 영향을 준다. 즉, 낙관주의적 태도를 가진 유머감각수준이 높은 환자는 투병과정에서 견디기 어려운 동통을 경험하지 못하였고, 그들의 회복은 보다 빨랐다.

성형외과 치료를 위해 입원한 환자 가운데 유머수준이 높을수록 심한 동통을 호소하는 빈도가 낮다. 회복과정에서 코믹 영화를 관람한 환자는 침통한 영화를 관람한 환자에 비해서 진통을 위해 복용하는 아스피린이나 진정제의 양이 현저히 적다. 또, 코미디 영화를 관람한 환자는 테메롤, 디라우디드, 레르코단과 같은 진통제를 복용하는 양도 현저히 적다. 이 두 실험결과로 보면 유머에는 개인의 질병회복기능과 외과수술에 수반되는 동통을 효과적으로 극복하는 기능이 있다는 것을 알 수 있다.

유머 수준이 높은 사람은 가상적 죽음에 대한 준비 후에도 정서변화가 크게 나타나지 않는다. 이와 같은 주장의 타당성을 입증하는 실험과 그 결과를 살펴보자. 실험자는 피험자로 하여금 사전의 죽음에 대해 숙고해 보게 하고 자신의 장례식에 낭독할 추모사를 준비하게 하였다. 동시에 자신의 죽음에 대비한 유언장을 작성하게 하였다. 그 결과, 유머수준이 낮은 사람에서는 우울증, 긴장, 분노 등의 수준이 크게 증가하였다. 그러나 유머수준이 높은 사람에게서는 이러한 증후악화현상을 발견할 수 없었다.

유머는 웃음과 함께 우울한 감정이나 부정적 감정을 극복하는 데 큰 도움이 된다는 실험적 연구결과를 보자. 실험자는 배우자와 사별한 사람의 적응상태를 알아보기 위해 6개월 전에 배우자와 사별한 사람을 집중적으로 면접하였다. 그 결과, 사별한 배우자에 대해 웃으면서 이야기하는 유머수준이 높은 사람의 적응상태는 극히 양호하다는 사실을 발견할 수 있었다. 그들의 보고에 의하면 그들은 배우자가 사망한 후에도 분노나 슬픔을 느끼지 않았고, 자신의 생활을 즐길 수 있었다고 한다. 유머나 웃음에는 이와 같이 슬픔을 잊게 하는데, 또 배우자와의 사별을 잊고 생활을 즐길 수 있게 해주는 기능이 있다.

심리적 기능은 신체적 기능에 긍정적 영향은 물론, 부정적 영향도 미친다. 건강의 기본인 면역기능도 심리적 영향을 크게 받는다. 우리가 심한 스트레스를 받게 되면 면역기능이 저하되는데, 이는 곧 여러가지 질병감염의 원인으로 작용한다. 스트레스와 부정적 정동에 면역기능을 제지하는 기능이 있고, 긍정적 정

서인 유머에는 해독제 혹은 면역기능의 활성화 기능이 있다고
볼 수 있다. 유머에는 면역기능에 변화를 일으키는 기능도 있다.

이와 같은 사실을 입증하는 여러 실험결과가 있다. 유머가 담
긴 비디오 테이프를 피험자에게 시청하게 하면 웃음이 나오는
데, 이는 면역타액글로불린S-Ig A의 농도를 증가시킨다. 이는 상
부호흡기감염URI에 대한 1차적 방어수단으로 작용한다. 유머극
복척도수준과 S-Ig A농도수준과는 밀접한 관계가 있다. 일상적
해슬수준도 S-Ig A나 유머수준과 밀접한 관계가 있다. 즉, 유머
수준이 낮은 피험자가 해슬사태에 직면하게 되면 S-Ig A수준은
크게 달라지지 않는다. 이와는 대조적으로 유머수준이 높은 피
험자가 보다 유쾌한 일을 하게 되거나 유머가 담긴 자극을 시청
하게 되면 S-Ig A 농도 수준이 크게 상승한다.

위에서 언급한 바와 같이 유머에는 면역기능에 변화를 주는
기능이 있다. 일반적으로 부정적 정서를 유발하는 상황에서는
면역기능이 크게 떨어진다. 이와는 달리 유머에는 부정적 정서
를 제어하고 긍정적 정서를 상승시키는 기능도 있다. 유머는 면
역기능은 물론 스트레스와 관계되는 생리적 반응과도 밀접한
관계가 있다. 유머는 고전적 스트레스와 관계되는 생리적 반응
과도 밀적한 관계가 있다. 유머는 고전적 스트레스 반응이 포함
되는 신경내분비호르몬과도 깊은 관계가 있다.

이와 같은 사실을 입증한 실험 및 그 결과를 보기로 하자. 실

험자는 피험자에게 60분짜리 유머 비디오테이프를 시청하게 하고 10분마다 그들의 혈액을 채취하였다. 통제집단에게는 그동안 중성적 필름을 시청하면서 조용한 시간을 갖게 하였다. 채취한 혈액은 피험자의 스트레스 반응에 따른 부신피질 자극호르몬ACTH, 노르에피네프린, 성장호르몬, 프록락틴을 채취하여 그 수준을 분석하였다. 실험집단에서는 이 8가지 신경내분비 호르몬 가운데 5가지 호르몬 수준이 크게 감소되었으나 통제집단의 신경내분비 호르몬 수준에는 아무런 변화가 나타나지 않았다. 이와 같은 사실을 보면 유쾌한 웃음에는 스트레스와 관계되는 신경내분비호르몬 수준을 경감시키는 기능이 있다는 사실을 쉽게 이해할 수 있다. 산업사고 현장필름을 시청하면서 유머가 담긴 농담을 하게 하였을 때보다 심장박동과 피부전도수준은 떨어지나 피부온도는 상승한다. 이와 같은 사실은 스트레스에 직면했을 때보다 적극적으로 웃을 때 불안수준이 낮아진다는 것을 입증하는 자료가 된다.

웃음의 표출

유머나 웃음표출 자극은 매우 다양하다. 즉, 유머는 비사회적 자극이나 개인의 의도에 의해 표출된다. 개인의 의도와는 무관하게 무심코 표출되는 유머도 있다. 유머는 어떤 사람의 말에 의해, 비언어적 행동에 의해, 그리고 이들 요인의 상호작용에 의해 표출되기도 한다. 사태의 비언어적 측면도 유머를 표출시키는 자극으로 작용한다. 유머는 언어, 비언어, 그리고 문맥의 전후관계에 의해서 표출되기도 한다.

유머를 유발하는 사건은 의도적인 것도 있고, 비의도적인 것도 있다. 유머의 표출은 자극에 대한 개인의 주관적·인지적 반응이기도 하다. 단순히 자극에 대한 반응이 아니다. 우리는 즐겁지 않은 사태에 직면했을 때, 당황한 일을 당했을 때, 분노를 느꼈을 때, 긴장하고 있을 때, 웃음이 나오는 일은 거의 없다. 예기치 않게 일이 잘 해결되었을 때에는 즐겁고, 미소가 자발적으로 나오는 것을 경험한다. 그렇다고 그것이 반드시 유머의 산물은 아니다. 이와 같이 유머는 주관적으로 경험한 것을 표출하는 수단이다. 그러므로 어린 아이나 구두보고가 어렵거나 불가능한 성인의 유머는 그 진가를 정확하게 평가하고 이해하는 것이 어렵거나 불가능할 수밖에 없다.

이론적 틀 안에서 보면 유머는 어떤 상황에서나 자유롭게 표출된다. 여기서 유머는 농담이나 재담과는 엄격하게 구분되어야 한다. 농담은 문맥관계는 완벽하지 않으나 그 내용을 이해하는 데 필요한 모든 정보가 포함되어 있다. 또 그것을 이해하는 데 필요한 지식도 갖추고 있어야 한다. 농담과 재담은 엄격히 구분되어 있어 보이지만, 그 기제를 자세히 분석해 보면 그들 사이에도 공통된 인지적 기제가 있음을 쉽게 이해할 수 있다. 동기에는 유머를 이해하고 평가하며 조정하는 기능이 있다. 특별한 동기 없이 자극이나 사태에 직면하게 되는 경우가 있다. 그렇게 되면 그것을 무의식적으로 이해하고 더 나아가 그에 함축된 의미를 찾으려고 한다.

이와 같은 현상은 사회적 정보처리과정에서도 흔히 볼 수 있다. 특정한 목적 없는 이해과정은 처리과정으로 이어지기도 한다. 간혹 자극이나 사건에 직면하였을 때 특정한 처리목적이 설정되기도 한다. 이 목적에는 여러가지가 있다. 정보에 의해 기술된 특정인에 대해 인상을 형성해 보기도 하고, 정보의 근원을 평가해 보기도 한다. 유머에 대한 차원이 높은 연구는 Aristotle의 『시학』에 자세히 소개되어 있다. 여기에는 유머, 풍자, 해학, 허

영에 대한 심리학적 연구결과가 소개되어 있다. 유머에는 긍정적인 정화기능이 있다고 주장하지만 거기에는 잔인성과 사회에 대한 통제와 제어의 기능도 포함되어 있다.

Robert Heinlein1907-1988에 의하면 유머는 동통에서 유래되며 웃음에는 울음의 감정을 억제하는 기능이 있다고 한다. 그는 난해하나 대중적 인기를 얻은 과학소설가이다. Isaac Asimos에 의하면 유머의 본질은 점강법의 결과, 즉 무거운 말 후에 가벼운 말을 계속하는 현상에 지나지 않는다고 한다. 유머는 여러가지 자극에 의해 표출된다. 중요한 자극은 표 4-3과 같다.

표 4-3 유머를 유발하는 주요 자극

I. 유머를 불러일으키는 언어적 자극	
불쾌한 희극	냉소
빈정대는 유머	비꼼
익살스러운 것	풍자
무표정한 얼굴	자기비하
불합리한 추론	위트
외설	메타 유머
흉내	
II. 유머를 불러일으키는 언어적 기술	
생략된 삼단 논법	잠언, 속담, 역설적인 형태
일필 쌍서법	틀에 박힌 말
과장 어구	괴상하고 희괴한 말

줄잡아 말하기	수수께끼
즐거움을 자아낼 어휘사용	모순 어법
빈정거리는 말	신소리, 동음이의

Ⅲ. 유머를 불러일으키는 비언어적 자극

절대 유머	익살극
무표정한 얼굴	바보스러운 짓
외형 대 내용	실제 조크

Ⅳ. 유머를 불러일으키는 비언어적 기술

과장된 예기치 않았을 몸짓	
주어진 사태에 따라 캐릭터에 어울리는 유머	
유머 내용의 충돌	비의도. 비언어
코믹한 소리	동작에 의한 개그
현실과 동떨어진 모호성	시각적 유머

유머와 뇌

유머에는 폭넓은 의사소통기능, 치료기능, 스트레스 극복기능, 면역기능, 그리고 중추신경계통의 활동촉진 등 여러가지 기능이 있다. 이와 같은 기능의 중추는 뇌의 특정 영역, 우전두엽이다. 이와 같은 사실은 뇌 손상자에 대한 검사결과에 의해서 입증되었다. 전두엽의 손상은 유머의 반응기능 손상으로 이어진다. 따라서 웃음이나 미소에 대한 반응기능도 크게 손상된다. 이와 같은 사실은 다음과 같은 실험결과에서 입증되었다. 즉, 연구자는 18~70세까지의 우전두엽, 좌전두엽, 혹은 양전두엽 손상자 21명을 피험자로 선정하였다. 실험자는 컴퓨터 단층촬영술CT과 자기공명 단층촬영술MRI로 피험자의 손상상태를 정확하게 측정하였다. 뇌손상이 불분명하거나 정신적 질병을 앓고 있는 사람은 실험에서 제외되었다.

피험자집단과 통제집단에게는 유머검사, 유머이해검사, 농담완성검사, 비언어적 풍자화이해검사 등을 실시하였다. 그 결과에서 뇌손상이 유머의 이해능력에 미치는 영향, 유머이해능력의 손상과 특정한 인지과정의 장애와의 관계, 그리고 유머의 이해능력이 특정한 뇌 영역이나 신경네트워크와 깊은 관계가 있다는 사실이 밝혀졌다.

다른 검사에서 실험자들은 뇌의 특정 영역손상이 확인된 환자들만을 피험자로 사용하였다. 실험자는 피험자에게 종류가 서로 다른 유머검사를 실시하였다. 첫째 단계에서는 유머이해검사를 실시하였다. 그 가운데 두 검사는 구두로 표출되는 유머와 농담을 이해하는 능력을 검사하는 질문이다. 또 풍자화를 제시하고 그에 대한 반응을 통해 유머에 대한 시각적 이해능력도 조사하였다. 유머 비디오테이프를 보여주고 그것이 얼마나 우스운지 그 정도를 평가하게 하였다.

둘째 단계에서는 실험결과에 영향을 주는 외적 조건을 통제하기 위해서 피험자의 언어와 지각에 수반되는 생리적 반응을 측정하였다. 마지막으로 유머지각에 필요한 인지기능을 평가하였다. 이를 위해 심리검사와 신경학적 검사를 병행하였다. 실험자는 전두엽 손상자의 유머기능은 다른 영역손상자의 유머기능보다 크게 손상되었을 뿐만 아니라 뇌의 손상은 유머의 이해, 기억 및 언어적 추상화능력과도 깊은 관계가 있다는 사실을 밝혀냈다.

우반구 손상자는 흥미있는 풍자화 속에서 의미 있는 사실을 발견하는 것이 불가능하다. 좌반구 손상자의 반응은 정상인의 반응과 크게 다르지 않는데, 우반구 손상자는 정상인에 비해 유머가 담긴 풍자화에 대해 합리적 설명능력이 떨어진다. 이들은 농담의 내용을 설명하는 데 큰 어려움을 겪는다. 우반구 손상자는 최초 반응과 후속반응을 통합시키는 기능이 크게 떨어진다. 그러므로 전후관계의 통합이 필요하지 않는 농담은 비교적 잘 이해한다. 우반구 손상자는 일반적으로 유머이해가 곤란하다고 하나 그에 대한 해부학적 설명은 쉽지 않다.

유머 감각이 높은 사람과 그것이 낮은 사람의 성격특성에는 큰 차이가 있다. 그들 간의 성격차를 규명하지 않고 유머자극에 대한 인지적 혹은 정동적 반응의 특성을 측정하는 것은 별로 의미가 없다. 중다차원적 유머감각척도와 에드워드 기호검사를 실시하고 그 자료를 요인분석하면 두 척도 간의 상관관계에서 몇 가지 의미 있는 사실을 발견할 수 있었다. 즉, MSHS 점수가 낮은 사람은 복종, 질서, 그리고 인내의 동기가 낮다.

피험자에게 MSH를 포함한 여러가지 심리검사를 동시에 실시하고 거기에서 얻은 자료를 분석해보면 다음과 같은 의미 있는 사실을 발견할 수 있다. 즉, 유머는 과시, 우월성, 온정, 자기주장, 흥분추구, 창의성, 종교, 부활성, 긍정적 정서, 외향성, 쾌활성과 깊은 관계가 있다. 이와는 달리 유머는 신경증적 경향성, 비관성, 회피, 부정적 자존심, 복종, 질서, 인내, 공격심, 우울증, 죽음에 대한 불안, 좋지 못한 기분과는 의미있는 관계가 없다.

지금까지 유머 및 그 특성에 대해서 간략하게 기술하였다. 이론적 측면에서, 그리고 기능적 측면에서 유머와 유사한 행동도 많이 있다. 농담과 재담도 이에 속한다. 무엇보다도 농담에는 유머표출을 촉진시키는 기능이 있다. 농담은 유머와는 달리 구조가 매우 복잡하다. 이와 같은 사실은 농담측정검사의 구조에서 쉽게 알 수 있다. 또 이 검사는 개인의 명예를 손상시키는 것, 사물의 가치를 평가는 것, 그리고 성적인 문항으로 구성되어 있다. 재담에도 유머표출을 촉진시키는 기능이 있다. 재담은 성적인 농담이나 철학적 농담이 현실화되었을 때 붙이는 명칭이다. 재담은 사회적 영향을 크게 받으므로 그것이 우리 생활에서 차지하는 비중은 매우 크다.

제5장 유쾌한 정서

정서의 최종적 판단이 위트이다.
Friedrich Nietzche(1844-1900), 독일의 철학자

정서는 사람의 내면세계를 이해하는 수단이다.
그 사람의 내면세계는 지능으로는 이해되지 않는다.
Gilbert Chesterton(1974-1936), 영국의 평론가

정 서

정서는 감정과는 달리 의식적 노력 없이 발생하는 것으로 그 반응은 유쾌한 것일 수도 있고 불쾌한 것일 수도 있다. 정서에 대한 관심을 가지는 심리학자는 많으나 그들 간에 일치된 의견은 별로 없다. 다행히 정서는 감정과 다르다는 점에서는 의견을 같이 하는 사람이 많다. 감정은 뇌 속에서 일어나는 정서의 주관적 경험이다. 이 점이 정서와 감정을 엄격하게 구분하는 중요한 기준이다.

정서는 기본적인 세 가지 속성에 의해서 정의된다. 이것이 곧 ABC 모델이다. 여기서 A는 정서에 수반되는 생리적 각성상태이고, B는 행동을 통한 정서의 표출이고, C는 정서에 수반되는 의식적 경험을 의미한다. 정서는 감각과는 물론 정동과도 다르다. 정동과 정서는 엄격하게 구분하지 않고 상황에 따라 서로 번갈아 사용되는 것이 보통이다. 정동은 선천적으로 타고난 것으로, 여기에는 인지적 평가가 수반되지 않는다. 그것은 의식과 관련되는 경우도 있고 그렇지 않은 경우도 있다. 감정은 정동에 의해 의식적으로 형성된 것이며 평가적 기능을 가지고 있고 순수한 생리적 기초 위에서 형성된다. 그렇지만 때로는 심리적 특성이 다분히 포함되어 있다. 이와는 달리 정서는 심리적 기초 위에서 형성되어 있으면서 때로는 감정을 극화시킨다.

정동, 감정, 정서는 몇 가지 측면에서 서로 다르다. 정동은 선천적으로 형성된 반인지적 평가의 대상이며 의식과의 관계는 사태에 따라 크게 달라진다. 감정은 정동에 의해 형성된 것으로 거기에는 생리학적으로 결정된 평가적 기능과 심리적 기능도 있다. 이들과는 달리 정서는 심리사회적 구조를 가진 것으로 극화된 감정이다.

이성과 정반대되는 안티테제로 간주되는 것 가운데 하나가 정서다. 이들의 구분은 서양철학에서 시작되었다. 정서는 개인의 감정과 무관하게 일어나므로 그것은 자의적 통제가 불가능하다. 미국의 저명한 뇌 생리학자 Paul Mac Lean의 고전적 삼위일체 뇌 모델에 의하면 정서는 포유동물의 뇌반사 현상이라고 한다. 또 정서에는 파충류 뇌에서 오는 본능적 반응과는 달리 보다 논리적이고 신피질에서 일어나는 것과 같은 사유기능도 있다. 현대 뇌 연구자들의 신경순환기능이론에 의하면 정서에는 의사결정기능과 계획수립기능이 있다고 한다. 그러나 René Descartes1596~1650가 주장한 것과 같이 이성과 정서는 명확히 구분되지 않는다.

   영장류의 한 비밀 **웃음**

  정서는 매우 복잡한 인간행동의 하나로 그에 대한 분명한 단일 정의는 아직 없다. 정서는 의식적 노력 없이 마음 속에 자발적 반응을 유발시킨다. 모든 동물과 인간이 동일한 정서적 반응을 할 수 있는지는 아직 확실하지 않다. 정서는 신체적 표현으로 불수의적으로 일어난다. 이는 현실일 수도 있고 상상일 수도 있는 감정, 요소, 사물, 혹은 그들 간의 관계에 대한 지각 현상이다.

  인간의 정서와 동물의 정서는 근본적으로 다르다고 주장하는 사람도 있다. 정서는 여러가지 차원, 예를 들면 생리적, 주관적, 인지적 요소로 구성된 것으로 과학적 연구가치가 충분한 주제이다. 우리가 도전적 장면이나 예언 불가능한 장면에 직면하였을 때 정서는 그에 적응하기 위해 여러가지 동기는 물론 제한된 기능과 자원을 필요로 한다. 이성과 정서는 상반되는 개념이라는 주장이 있기는 하나 그 주장을 뒷받침하는 경험적 사실은 발견하기가 어렵다.

불쾌한 정서

지금까지 유쾌한 정서는 불쾌한 정서에 비해 심리학자의 관심을 끌지 못했다. 그러면 왜 유쾌한 정서가 심리학자의 관심을 끌지 못했는가? 우리의 웰빙을 해치고 우리를 괴롭히는 것은 불쾌한 정서였다. 그러므로 그로부터 자신을 보호하기 위해서 그에 관심을 갖지 않을 수 없었다. 이러한 필요에 따라 불쾌한 정서는 심리학자의 관심을 끌 수밖에 없었다. 이러한 필요에 따라 그것은 체계적으로 분류되었을 뿐만 아니라 그에 대한 연구는 매우 활발하게 수행되었다. 이와 달리 유쾌한 정서, 예를 들면 환희나 즐거움 같은 유쾌한 정서는 체계적으로 분류되어 있지도 않고 그에 대한 연구결과도 그렇게 많지 않다. 결과적으로 두 정서에 대한 연구는 균형을 이룰 수 없게 되었다. 질적인 면에서도 두 정서 간에는 큰 차이가 있다.

유쾌한 정서에는 뚜렷한 신체적 특성도 발견하기 어렵다. 이와는 달리 불쾌한 정서에서는 널리 인정되는 특정한 안면표정이 있다. 분노와 공포의 정서는 안면표정을 통해서 쉽게 분별된

  영장류의 한 비밀 **웃음**

다. 이와는 달리 유쾌한 정서의 안면표정에서는 특이한 표상가치를 발견할 수 없다. 모든 정서에는 뒤시엔느 미소가 수반된다. 이 뒤시엔느 미소는 이 특징을 발견한 프랑스의 신경과 의사 Guillaume Benjamin Duchenne1806-1875의 이름을 따서 붙인 것으로 입술 양쪽은 위로 치켜올라가고 눈 부위 근육이 수축되어 양 볼이 위로 올라가 있는 것이 특징이다. 이와 같은 특징은 정서에 수반되는 자율신경계통의 운동의 산물이다.

지금으로부터 20여 년 전에 Paul Ekman, Wallace Friesen, Robert Levenson 등은 분노, 공포, 슬픔과 같은 불쾌한 정서에는 특유한 자율신경계통의 반응이 수반되나 유쾌한 정서에는 이러한 반응이 수반되지 않는다는 사실을 발견하였다. 얼마 전까지만 해도 심리학자들의 유쾌한 정서에 대한 연구는 불쾌한 정서에 대한 연구보다 훨씬 뒤져 있었다. 그 이유는 어디에 있는가? 심리학자들은 불쾌한 정서의 모델을 기초로 하여 유쾌한 정서를 연구하려고 시도하였기 때문이다. 정서이론가들은 정서에는 특정한 충동이 중심에 자리잡고 있다고 믿는다. 그들은 분노는 공격의 충동을, 공포는 도피의 충동, 그리고 불쾌는 방출의 충동 등으로 간주하였다. 모든 행동은 충동의 특성이 외부에 표출된 것에 지나지 않는다고 생각한다. 이러한 충동의 중요성을 부인하는 이론가는 없다. 행동표출이 충동 때문에 위축되기도 한다. 충동은 단순한 심리적 현상이 아니고 거기에는 특정한 행동을 유발하는 생리적 기능도 있다. 예를 들어, 공포에 직면하면 체내의 혈액이 집중되는데, 이는 공포상황으로부터의 도피기능을 활성화시키기 위해서다.

이러한 특정행동의 역할을 강조하는 사람들은 정서를 순응을 위해 진화된 기능으로 간주한다. 불쾌한 정서에는 얼핏 보기에 분명히 적응가치가 있어 보인다. 개체가 위급사태에 직면하게 되면 사고행동의 레퍼토리는 크게 위축된다. 이러한 관점에서 보면 불쾌한 정서는 우리들의 조상들이 위급한 사태를 효과적으로 극복하는 데에는 큰 도움이 되었을 것으로 생각할 수 있다. 그러나 유쾌한 정서는 이와 같은 페러다임으로 쉽게 설명되지 않는다.

위에서 설명한 진화론적 관점에서 보면 환희와 같은 유쾌한 정서는 공포나 분노와 같은 기능을 하지 못한다. 유쾌한 정서에 의해서 나타는 행동은 불쾌한 정서와 같이 생존과 밀접한 관계가 없다. 우리들 선조들이 생명의 위협을 받는 사태에서 생존을 위해 필요한 것만큼 유쾌한 정서가 발달되지 못한 상황에서 어떻게 생존하였을까 생각해 볼 수도 있다.

　　　　　　　　영장류의 한 비밀 **웃음**

유쾌한 정서

이미 앞에서 설명한 바와 같이 정서에 대한 정의는 연구자에 따라 크게 다르다. 다행히 한 가지 공통되는 점이 있다. 즉, 정서는 여러가지 요소로 구성된 반응으로 그것은 오래 지속되지 않는다는 점이다. 특히 정서는 자기 자신이 이전에 스스로 경험한 개인적 평가를 기초로 한다. 이것이 곧 개인-환경의 상호관계 혹은 적응적 상면이다. 이러한 평가과정은 주관적 경험, 안면표정, 그리고 생리적 반응을 통해 외부에 표출된다.

정서는 기분과 달리 개인적으로 유의미한 환경, 예를 들면 특정한 대상이 있다. 이와는 달리 기분은 부동적이며 대상이 불분명하다. 또 정서에는 적개심, 신경증적 경향성, 혹은 낙관성과 같은 정동적 특질이 있다. 장기간 지속되는 정동적 특질에 의해 어떤 정서가 유발되기도 하지만 정동적 특성과 정서적 상태는 분석수준이 크게 다르다.

근자에 와서 정서의 일반적 특성이 밝혀지고 있다. 특히, 분노와 공포 같은 불쾌한 정서에 편중되었던 심리학자의 관심이 환희와 만족감과 같은 유쾌한 정서에 쏠리고 있다. 많은 정서모델 가운데 가장 비판적인 것을 하나 보자. 이 모델에서는 정서를 특정한 활동경향성이라고 보는 경향이 있다. 예를 들면, 공포는 도피의 충동과 관련이 있고, 분노는 공격, 불쾌감은 추방의 충동과 각각 깊은 관계가 있다고 본다.

지금까지의 이론가들은 특정한 정서는 특정한 충동의 행동표현으로 생각하지 않았다. 특정한 행동성향은 진화적 과정에 의해 적응에 필요한 정서를 만들어낸다고 생각하였다. 이러한 주장을 통해 우리 조상들이 어떤 과정을 거쳐 적응하였는지를 알 수 있다. 특정한 행동성향은 다음 세대로 유전된다고 생각하였다. 공포에 직면하면 도피하려고 한다. 이때 신체는 도피에 적절한 행동을 자동적으로 취할 수 있다.

불쾌한 정서와 유쾌한 정서의 구조는 다르다. 유쾌한 정서에 따른 행동성향의 실체는 매우 불분명하고 분화되어 있지 않다. 환희는 목적이 없는 활성화 상태이며 만족감에는 어떤 행동도 수반되지 않는다. 긍정적 심리학자들은 유쾌한 정서, 예를 들면 환희, 희망, 만족감 등이 적응에 도움이 된다는 사실을 주장하기도 하였다. 당시 많은 사람들의 관심을 끈 것은 분노, 불안, 공포와 같은 불쾌한 정서였다. 불쾌한 정서연구자의 관심을 유쾌한 정서연구로 관심을 전환시킨 것은 긍정적 심리학자였다. 긍정적 심리학자들의 관심은 개인의 스트레스와 행복은 무엇이며

     영장류의 한 비밀 **웃음**

그 근원은 어디에 있는가에 관심을 가지게 되었다.

1990년대 중반 미국 켄터키 대학교의 세 심리학자들이 색다른 연구를 했다. 그들은 1930년대에 나이가 많고 알츠하이머병으로 고생한 한 수녀가 남긴 생활기록을 분석하였다. 그 기록에는 수녀들의 생활이 자세히 기록되어 있었다. 연구자들은 수녀들이 빈번하게 사용했던 행복, 사랑, 그리고 희망 등과 같은 유쾌한 정서의 빈도를 조사·분석하였다. 그 결과, 유쾌한 정서의 사용빈도가 높은 수녀일수록 그 빈도가 낮은 수녀에 비해 10년 이상 더 장수하였다는 사실을 발견하였다. 이들의 수명은 금연자의 수명보다 더 길다는 사실도 아울러 발견하였다. 그러나 연구자들은 왜 장수할 수 있었는지 그 원인을 발견하지 못했다.

이에 대한 해답의 실마리를 제공한 것은 2000년에 출현한 긍정적 심리학이다. 이는 새로운 심리학의 한 영역으로 펜실베니아 대학교 심리학 교수 Martin Seligman과 클레어몬트 대학교 심리학 교수 Mihaly Csikszentmihalyi가 주동이 되어 창립되어 오늘에 이르고 있다. Martin Seligman은 오랫동안 정신장애자에 대한 연구에 종사하였다. 그는 우울증의 기제를 설명하기 위해 '학습을 통해서 얻어진 무기력감'이라는 특이한 용어를 사용하기 시작했고 그것은 이제 확실한 기반을 닦았다.

그는 1998년 미국심리학회장이 되면서 정신장애자에 대한 치료효과가 정신약물치료효과보다 뒤져 있다는 사실을 지적하였다. 그는 긍정적 심리학의 지식을 바탕으로 이와 같은 사실의 근원을 밝혀보려고 하였다. 이 과정에 큰 도움을 준 것은 이탈리아 태생인 클레어몬트 대학교 심리학 교수 Mihaly Csikszentmihalyi였다. 그는 몰입과 같은 개념으로 절정감 연구에 큰 업적을 남겼다. 그는 이탈리아 주제 헝가리 공사를 지냈던 그의 아버지가 1948년에 소련군에게 처형당한 것을 보고 인간의 긍정적 특성을 파헤치는 데 관심을 갖게 되었다. 이 뜻을 이루기 위해 그는 1956년 22세의 젊은 나이에 2달러도 안되는 돈을 가지고 미국으로 건너갔다.

새롭게 탄생한 긍정적 심리학은 개인과 집단의 심리적 웰빙과 신체적 건강을 증진시키는 데 크게 공헌하고 있다. 긍정적으로 사고하는 사람은 행복하고 그의 웰빙수준은 물론 무병장수한다는 사실은 어느 누구도 부인하지 않는다. 불행하게도 그 기제는 밝혀지지 못하고 있다. 긍정적 사고와 즐거운 감정이 어떻게, 그리고 왜 장수에 도움을 주는가. 즐거운 정서의 특성은 무엇인가. 그것은 정말 인간의 장수에 도움이 되는가. 실제 우리는 그것을 체험할 수 있는가.

유쾌한 정서와 불쾌한 정서는 그 형태와 기능이 크게 다르다. 이에 대한 설명을 위해 정서의 두 가지 특성을 가정해 보자. 첫째, 정서에는 필연적으로 강도가 다른 특정한 행동충동이 따른다. 유쾌한 정서에 따른 행동충동의 강도는 불쾌한 정서에 따른 충동의 강도에 비해 매우 약하다.

둘째, 정서에는 특정한 신체적 운동이 수반된다. 어떤 유쾌한 정서에는 행동 전에 인지적 행동변화가 수반된다. 이를 사고 – 활동성향이라고 한다. 전통적인 활동지향성 모델에 따르면 불쾌한 정서는 순간적으로 개인의 사고 – 활동의 레퍼토리를 축소시키는 기능이 있다고 한다. 개체는 특정한 활동성향을 통해 적응을 시도하게 된다. 이는 생명을 위협하는 사태에 매우 효과적으로 적응하는 수단이 될 수 있다.

이와는 달리 유쾌한 정서에는 순간적으로 개인의 사고 – 활동의 레퍼토리를 확대시키는 기능이 있다. 개체는 특정한 활동성향을 통해 적응을 시도할 필요가 없다. 자동적으로 순응력이 생기기 때문이다. 이에 대한 이해를 돕기 위해 환희, 놀이, 흥미 그리고 만족의 세 가지 서로 다른 유쾌한 정서를 유발하는 환경, 순간적 사고 – 활동 레퍼토리의 변화과정과 그 결과에 대해 살펴 보기로 하자.

환 희

유쾌한 정서로서의 환희는 안정성과 친근성이 보장되고 최소의 노력으로 자신의 최대 목표를 달성할 수 있다는 보장이 있을 때 경험할 수 있다. 환희의 정서는 놀이의 충동을 일으키는데, 여기에는 신체적, 지적, 예술적 놀이 등이 포함된다. 놀이, 특히 상상적 놀이는 다분히 즉흥적으로 발동한다. 여기에는 탐험과 모험 같은 것이 내포되어 있다. 이에 따른 행동은 다양한 형태로 나타난다. 놀이의 충동은 포괄적인 것으로 환희는 물론 그와 관련된 쾌락이나 즐거움과 같은 정서는 개인의 사고-활동의 레퍼토리를 확대시킨다.

놀 이

놀이는 뚜렷한 목적이 없어도 믿음직한 결과를 가져오는 경우가 많다. 사실상 사회적 놀이에는 우정과 애착의 관계를 강화시키는 기능이 있다. 동물행동학자의 주장에 의하면 이 기능은 사회적 기술습득에 큰 도움이 된다고 한다. 거친 놀이를 통해 육체적 기능, 창의적 놀이를 통해 인지적 기능, 사회적 놀이를 통해 사회적 행동기능이 각각 크게 향상된다.

아동기의 놀이는 뇌 기능의 발달을 촉진시킨다. 특히 수행기능과 관계가 있다. 주의결핍 과잉활동장애와 깊은 관계가 있는 전두엽의 기능과 깊은 관계가 있다. 따라서 유쾌한 정서로서의 환희는 놀이에 대한 충동을 활성화시키고 개인의 순간적인 사고 – 활동의 레퍼토리를 확대시킬 뿐만 아니라 개인의 새로운 신체적, 지적, 사회적 자원을 형성하는 데 큰 도움을 준다.

흥 미

흥미는 우리들이 흔히 경험하는 유쾌한 정서 가운데 하나이다. 흥미와 관계있는 호기심, 경이, 흥분, 본질적 동기, 몰입과 같은 정동 상태는 안전, 신기성, 변화, 도전, 신비성 같은 상태를 유발한다. 이와 같은 정서를 경험하기 위해서는 지속적인 노력과 주의집중을 필요로 한다. 흥미에 의해 일시적으로 나타나는 사고 – 활동성향은 단순한 주의과정에 불과하기도 하다. 흥미에 의해서 유발된 순간적 사고 – 활동성향은 곧 탐색의 기능을 하며 흥미가 지향하는 목표성취를 위한 지식을 신장시킨다.

흥미는 탐색하고자 하는 감정이며, 새롭게 습득한 지식으로 자신을 신장시키고자 하는 욕구이다. 그리고 흥미를 촉발시킨 인물이나 사물에 대한 새로운 경험을 얻는 데 관심을 갖게 한다. 흥미에는 뚜렷한 신체적 활동이 수반될 수도 있다. 그렇지 않을 때도 있지만 이는 활기가 넘치고 기운을 북돋아주는 감정과 밀접한 관계가 있다.

흥분을 수반하는 사고의 한 형태가 흥미이다. 새로운 아이디어, 경험, 그리고 활동을 넓게 수용하는 것은 새로운 흥미에 대한 보다 넓은 마음의 세트로 볼 수 있다. 광범위한 흥미를 가진 사람은 신빙성이 보장되는 이성을 추구하며 자신의 내적 호기심을 탐색하는 경향이 있다. 흥미에 의해 유발된 탐색의 결과는 개인의 지식을 보다 풍요롭게 해준다. 이러한 특성을 가진 흥미는 단순히 지식수준을 높여주는데서 끝나지 아니하고 복잡한 대인관계를 통합시키고 변별해주는 심리학적 복합성을 증대시키는 기능을 한다.

개인의 성장, 창조적 노력, 그리고 지능을 발달시키는 일차적인 활력소의 역할을 하는 것이 흥미이다. 흥미는 단순히 개인의 순간적인 사고 - 활동의 레퍼토리를 확대시키는 것으로 끝나지 아니하고 그것은 지속적인 탐색의 산물로서 개인의 지식과 인지적 능력을 저장시켜주는 기능을 한다.

만족감

유쾌한 정서로서의 만족감은 평온, 침착, 근원과 같이 자신의 안전성과 확실성이 보장된 상태에서만 경험할 수 있다. 만족감의 정서는 우리가 성찬음식을 섭취했을 때 또 생리적 욕구가 충족되었을 때 경험하게 되는 만족감과는 본질적으로 다르다. 다른 사람으로부터 인정을 받았다든지 다른 사람의 보살핌을 받았을 때 느끼는 것이 참된 만족감의 한 부문이다. 이는 어디까지나 의존관계에서 얻어지는 정서이다. 만족감에는 뚜렷한 행동이 수반되지 않는다.

만족감에는 신체적 요소보다는 인지적 요소의 비중이 더 크다. 만족감 이론을 자세히 살펴보면 유쾌한 정서로서의 만족감에는 순간적이지만 자신이 주위 사람들과 일체가 되었다는 감정과 그것을 자아개념과 세계관에 통합시키려고 하는 경향이 있다는 사실을 알 수 있다. 만족감은 단순한 피동적 반응이 아니라 개인의 자아관과 세계관의 영역을 적극적으로 확대시키는 데 큰 도움이 된다.

마인드 풀 상태에서 경험하는 정서의 한 부분이 만족감이다. 만족감에는 순간적 경험을 각성하고 그것을 솔직하게 수용하고 더 나아가서 이를 다른 경험과 통합시키려고 하는 경향이 있다. 그러므로 만족감은 마인드 풀 상태, 수용성, 통합성, 자기복잡성, 그리고 통찰력과 연관시켜 이해할 필요가 있다. 그럼으로써 정서가 개인의 순간적인 사고─활동 레퍼토리를 확대시킬 뿐만 아니라 더 나아가서는 개인적 자원을 형성, 축적시켜나가는 데 도움이 된다는 것을 보다 깊이 이해할 수 있다.

리질리언시

일시적으로 경험한 유쾌한 정서의 영향은 오래 지속되지 않는다. 그것은 일정한 기간이 지나면 소멸되고 이전의 상태로 복귀된다. 이러한 심리적 기능이 곧 리질리언시이다. 이는 비교적 안정된 성격특성 혹은 자아 탄력성이다. 이 성격특성도 다른 특성과 마찬가지로 사람에 따라 다르다. 미시간 대학교 심리학 교수 Barbara Fredrickson의 확대－축적이론에 따르면 유쾌한 정서를 보다 빈번하게 할수록 리질리언시의 특성은 크게 성장한다고 한다. 한때, 이러한 특성은 극소수의 사람에서나 발견될 수 있는 것으로 이해되어 왔으나 근래에 와서 그러한 주장은 변화를 맞게 되었다. 즉, 리질리언시의 성격특성은 매우 보편적인 성격특성으로 이는 인간의 적응체계의 조작에 의해 형성되는 것으로 밝혀졌다. 이러한 기본적 적응기제가 곧 유쾌한 정서를 경험할 수 있는 기반이 된다.

리질리언시 특성은 유쾌한 정서와 깊은 관계가 있다는 사실이 자기보고 자료와 행동관찰자들의, 종단적 연구자료에 의해 입증되었다. 이 결과를 보면 리질리언시 수준이 높은 사람의 특성은 낙관적이며, 흥취가 넘치고, 매사에 열정적이며, 호기심이 많고, 새로운 경험을 추구하며, 유쾌한 정서수준이 높다.

유쾌한 정서는 리질리언시 수준이 높은 사람 특유의 극복 책략이다. 다른 한편 리질리언시 특성이 효율적으로 발휘되려면 빈번한 유쾌한 정서의 경험이 필요하다. 이와 같이 두 특성 간에는 밀접한 관계가 있다. 리질리언시 수준이 높은 사람은 유머가 있고, 창의적으로 탐색하며, 긴장에서 이완되고, 낙관적으로 사고한다. 이러한 특성을 가진 사람은 자신의 환희, 흥미, 만족감, 희망과 같은 유쾌한 정서를 신장시킬 수 있을 뿐만 아니라 다른 사람의 유쾌한 정서도 효율적으로 신장시켜 나갈 수 있게 도움을 줄 수 있다.

역경을 보다 효율적으로 극복하고 이전의 정상생활에 보다 쉽게 복귀할 수 있는 것은 유쾌한 정서를 빈번하게 경험한 결과이다. 이와 같은 사실은 2001년 미국에서 일어난 9.11테러사건을 경험한 사람을 대상으로 한 연구에서 밝혀졌다.

9.11테러사건에 의해 수많은 미국시민들은 막대한 물질적·정신적 손실을 경험했을 뿐만 아니라 심리적 장애를 겪었다. 70% 이상은 비극과 울분을, 52~70%는 우울증에 빠졌다. 33~62%는 수면장애, 66%는 주의집중의 곤란을 호소하였다. 63%는 안정감의 손상을 경험했다. 53%는 가족의 안정상태를 걱정한 것으로 밝혀졌다.

몇몇 심리학자들은 이러한 상황에서 유쾌한 정서의 경험이 역경을 극복하는 데 어떻게 도움이 되었는가를 연구할 목적으로 객관적 자료를 수집하였다. 통상적으로 심한 분노, 슬픔, 공포, 불안을 경험한 사람에게는 유쾌한 정서경험은 기대할 수 없다는 것이 심리학자들의 주장이었다. 이와 같은 주장은 9.11테러사건에 대한 연구결과가 발표되면서 빛을 잃게 되었다. 즉, 역경 속에서도 유쾌한 정서의 경험이 가능하다는 사실이 밝혀졌다. 이에 앞서 캘리포니아 대학교 에이즈 예방센터 Susan Folkman과 Judith Moskowitz는 2000년 『*American Psychologsist*』55, 647-654를 통해 스트레스 상황에서는 불쾌한 정서는 물론 유쾌한 정서도 동시에 경험한다는 사실을 발표하였다.

9.11테러를 당했을 때 많은 사람들은 심한 불쾌한 정서는 물론 유쾌한 정서까지도 경험했다는 사실이 입증되었다. 9.11테러를 계기로 많은 사람들이 경험한 유쾌한 정서의 유형도 밝혀졌다. 즉, 자기 자신이 생존할 수 있었고 그의 가족이 무사하다는데 감사의 정서를 경험하게 되었고 가족, 친척, 친구에 대한 애정의 정서를 경험하게 되었다는 사실이 밝혀졌다. 응답자의 60% 이상은 9.11 이전보다 우정이 보다 강화되었다고 응답했다. 9.11테러를 경험한 후에 분노, 슬픔, 불안보다는 감사, 사랑과 같은 유쾌한 정서의 경험은 물론 그것이 즐거운 주관적 경험이 되었다고 보고하는 사람도 있다.

이와 같은 현상은 유쾌한 정서의 효과가 불쾌한 정서의 효과를 억제한 현상으로 해석할 수 있다. 그러면 이와 같은 역경상황에서 유쾌한 정서의 효과는 유쾌한 분산제 혹은 억제제의 역할만을 하는 것인가? 유쾌한 정서의 효능은 그것으로 끝나지 않는다. 역경상황에서 긍정적 정서는 수준 높은 한 극복 책략수단이며, 이는 역경에 처하게 되면 그 기능이 강화된다는 것이 2003년 미시간 대학교 심리학 교수 Barbara Fredrickson이 9.11테러를 경험한 사람을 대상으로 한 연구에서 밝혀냈다.

감 사

로마의 철학자 · 정치가 Marcus Tullius Cicero106-43 B.C.가 이런 말을 했다. 즉, 감사하는 마음은 최대의 미덕일 뿐만 아니라 모든 행동의 근원이다. 감사 혹은 감사하는 마음은 하나의 유쾌한 정서이다. 이것은 다른 사람으로부터 자신이 은혜를 입고 있다는 감정이다. 종교적 관점에서 보면 감사와 같은 유쾌한 정서는 신에 대한 감사의 뜻을 포함하고 있다. 기독교에서는 신에 대한 감사의 감정이 큰 비중을 차지한다. 심리학자의 입장에서 보면 특별한 혜택을 받은 사람이 그것이 값진 것으로 생각될 때, 은혜를 배푸는 사람이 희생한다는 생각이 들 때, 은혜를 받은 사람이 느끼는 감정이 곧 감사의 긍정적 정서이다. 감사의 마음은 주관적으로는 정서적 웰빙 향상에 큰 도움이 된다. 그러나 우리는 감사의 감정을 느끼지 못한 체 생활하고 있다.

우리가 흔히 쓰는 감사 혹은 감사하는 마음은 영어의 'Gratitude'를 번역한 것인데, 이는 팔리어의 'Katannuta'에서 그 어원을 찾을 수 있다. 'Katannuta'는 'Kata'와 'Annuta'의 복합어이다. 전자에는 자기가 다른 사람에게 베푼다는 뜻이 포함되어 있고 후자에는 그것을 인식한다 혹은 인지한다는 뜻이 포함되어 있다. 그러므로 'Katannuta'는 자기가 다른 사람에게 도움을 주고 있다는 것을 인지한다는 것을 의미한다. 따라서 팔리어의 감사하다는 말의 뜻과 영어의 감사하다는 말의 뜻은 약간 다르다고 보아야 한다. 팔리어의 감사라는 말에는 지적이며 인지적인 의미가 내포되어 있다.

이와는 달리 우리가 흔히 쓰는 감사하다는 말에는 우리 자신이 다른 사람에게 무슨 도움을 받았느냐를 인지하는 지식이 함유되어 있다. 그렇지만 남을 위해 베푼 것이 자기에게 도움이 되지 않는다고 생각되면 감사의 마음은 울어나지 않는다.

유쾌한 정서로서의 감사하는 마음을 느끼는 사람이 얼마나 되는지 그 빈도를 알아보기 위해 2004년 갤럽 여론조사에서는 1,000여 명을 대상으로 전화면접을 하였다. 그 결과, 응답자의 67%는 매일 거의 모든 시간을 감사하는 마음으로 생활하고 있다고 대답했고, 그들의 60%는 스스로 행복하다고 대답하였다. 감사의 마음을 가지고 생활하는 것은 서양 사람들뿐만 아니다. 지구상의 모든 사람들이 어떤 형태로든지 감사하는 마음을 가지고 생활하고 있다. 미국시민들을 대상으로 한 연구에서 그들은 9.11테러를 경험한 후에 감사의 감정을 가지고 생활하는 사람의 수가 크게 증가하였다고 한다.

역사적 기록을 살펴보면 감사의 마음은 종교학자, 종교인, 그리고 철학자의 중심연구과제가 되어 왔다. 감사의 마음은 불교, 기독교, 이슬람교에서 매우 값있고 소중한 것으로 받아들여지고 있다. 찬송가에는 신에 대한 감사의 표시가 큰 비중을 차지하고 있고, 이슬람의 대표적 속담을 보면 최초로 천국의 부름을 받은 사람은 어떤 곳에서나 신을 찬양하는 사람이라고 한다. 영국의 경제학자 Adam Smith1723-1790는 그의 한 저서 『국부론』에서 세속적 관점에서 감사의 마음을 자세히 기술하였다.

이러한 상황인데도 감사의 마음은 심리학자의 관심을 크게 끌지 못하였다. 이러한 추세는 지난 몇 해 사이에 크게 변했다. 이제 감사의 마음은 종교인이나 철학자들만의 연구대상이 될 수 없다. 진정한 의미의 감사하는 마음은 중요한 유쾌한 정서이며 동시에 중요한 성격의 한 특질이다. 감사하는 마음은 하나의 정서이며, 인간의 주요 성격특질의 하나이다. 더 나아가서 이는 인간의 중요한 행동의 한 부분이다. Adam Smith가 그의 저서에서 밝힌 바와 같이 감사하는 마음은 도덕적이며 친사회적 정서의 바로미터이며 다른 사람의 주요 관심사의 하나가 되었다. 감사하는 마음은 도덕적 동기를 부여하고 도움에 대한 친사회적 반응을 유발한다. 또 이는 도덕성의 강화제로서 도움을 베푼 사람으로 하여금 보다 많은 도움을 배풀도록 하는 감사에 대한 표출이기도 하다.

심리학적으로 보면 감사하는 마음은 문화적 영향에 의해서 또 자선을 베푼 사람에 대한 사회적 부과의 함수에 의해서 유발되는 행동이다. 연구자가 해결해야 할 감사하는 마음에 대한 연구과제는 많다. 이제 우리는 감사하는 마음의 정서는 어떤 경우에, 또 어떤 사람에게서 표출되는가, 그러한 정서를 유발하는 사회적·심리적 근원은 어떤 것인가를 밝혀내야 할 필요가 있다.

보다 빈번하게, 그리고 보다 강력하게 감사의 마음을 밖으로 표출하는 사람일수록 행복한 사람이다. 그들은 우울증으로 고통받거나 스트레스 때문에 괴로움을 받는 일이 적다. 그러면 감사하는 마음을 가지는 특이한 성격특성은 어떤 것인가? 감사하는 마음은 건전한 성격을 가진 사람에게서 흔하게 발견할 수 있다. 삶의 만족과 관계되는 중요한 성격 특성으로 24가지를 꼽는다. 이에 대한 설명은 이 책의 범위를 벗어나기 때문에 빗겨가겠다. 감사하는 마음과 보다 깊은 관계를 가지는 것이 행복감이다. 스스로 보다 강한 행복감을 경험하는 사람일수록 빈번하게 감사하는 마음을 갖는다.

감사하는 마음은 원만한 사회적 관계를 유지하는 데 있어서 매우 중요하다. 정서적으로 느끼는 감사하는 마음은 도덕적인 생활이나 원만한 사회생활을 유지하는 것만큼이나 자기 자신에게는 매우 중요하다. 일상생활에서 보다 빈번한 감사의 마음을 가지는 사람은 자신은 주위 사람들로부터 도움을 받았다고 생각한다. 그들은 그에 감사하고 장차 그 도움을 다시 다른 사람에게 돌려주려는 감정을 가지고 있다. 만일 감사하는 사람이 자신이 받은 도움을 다른 사람과 공유하게 되면, 그것을 받은 사람은 다른 사람에게 도움을 베풀게 된다. 이는 더 나아가서 상호 간의 도움과 지지의 수준을 크게 향상시킨다.

자신이 도움을 받았다는 것을 느끼지 못하는 사람은 고마움을 느끼지 못한다. 그러므로 도움을 받지 못한 사람은 도움을 베풀고자 하는 마음도 없다. 감사하는 마음을 가진 사람은 보다 좋은 사회적 관계를 유지하게 되고 보다 친근한 대인관계를 가지게 되고 서로 간에 사회적 지지를 공유할 수 있다. 친밀한 사회적 지지는 신체적 정신적 건강을 증대시키는 데 있어서 매우 중요한 기능을 하게 된다. 그러므로 감사하는 마음을 신체적 정신적 건강과 연관지어 연구하는 사람이 급증하고 있는 추세에 있다.

인위적으로 조정한 감사하는 마음은 정신치료의 효과를 높이는 데 큰 도움이 된다. 감사하는 마음을 스스로 조정하고 신장시키는 데에는 여러가지 방법이 있다. 즉, 자기 스스로 자신에게 도움을 준 사람을 직접 방문하기도 하고 편지를 쓰기도 한다. 그 효과를 측정하기 위해 자신의 행복감과 우울한 기분의 정도를 스스로 평가해 보게 한다. 전자는 상승하고 후자는 크게 떨어진다. 이와 같은 훈련프로그램은 단기간 실시할 수도 있고 장기간 실시할 수도 있다. 장기조정프로그램을 사용할 때에는 매일 자신의 생활주변에서 일어난 유쾌한 사건을 기록한다. 1개월쯤 지속되면 자기평가에 의한 행복수준은 증가하고 우울증 수준은 크게 떨어진다.

감사하는 마음을 가진 사람일수록 행복수준이 높다는 사실에는 논리적 타당성이 있다. 감사할 줄 아는 사람은 좋은 우정관계를 유지할 수 있다. 그들의 심리적 웰빙 수준이 높기 때문에 심신이 건강하고 보다 바람직한 사회적 관계를 유지할 수 있다. 감사하는 마음을 가진 사람의 웰빙 수준이 높고 그들은 자신의 세계를 보다 긍정적으로 보며 자신이 살고 있는 곳이 보다 자비로운 세계라고 본다. 이들은 이 세계를 아름답게 본다. 또, 그들은 자신이 남에게 베푸는 도움이 보다 가치 있고 이타적이며 값 있는 것으로 생각한다. 더 나아가 거기에는 자신들의 사회적 관계의 특성이 함축된 것으로 생각한다. 감사의 마음을 가지는 사람의 면역계통의 활동은 활발하기 때문에 그들에게는 건전한 심신의 건강이 보장된다.

보다 성공적인 삶을 갖는 사람에게는 보다 강한 감사의 마음이 뒷받침하고 있다는 것도 논리적으로 틀리지 않다. 여러 실험 결과를 보면 새로운 환경에 쉽게 적응하는 사람은 자신의 정서 상태에 쉽게 회귀한다는 것을 알 수 있다. 복권당첨자를 두고 생각해 보자. 복권당첨자는 그 순간에는 매우 행복한 기분에 사로잡히게 되지만 그 행복한 기분은 오래 지속되지 않는다. 일정한 시간이 지나면 본래 자신의 정서상태로 되돌아간다. 이런 물질적인 부는 행복과는 무관하다는 교훈이다.

사지가 절단된 사람을 두고 생각해보자. 절단 당시 자신이 느낀 불행감은 말할 수 없다. 그 불행감도 오래 지속되지 않는다. 이와 같은 현상은 감사의 마음의 세계에서도 쉽게 발견된다. 일상생활에서 경험한 감사의 마음도 그렇게 오래 지속되지 않는다. 감사, 웰빙 그리고 사회적 관계의 인과관계는 매우 불확실하다. 어느 것이 원인이고 어느 것이 결과인지 확실하게 밝힐 수가 없는 관계이다. 감사하는 마음에는 여러가지 사회적 과정이 내포되어 있고 이는 개인의 정신건강과 웰빙 수준에서 매우 중요한 부분을 차지한다. 이와 같은 결과는 전통적 이론이나 철학자들의 주장과 크게 다르지 않다.

불쾌한 정서상태에서는 수준 높은 웰빙과 건강은 기대할 수 없다. 불쾌한 정서의 위협 속에서는 행복한 삶, 건전한 삶도 기대할 수 없다. 불안, 공포, 공격성, 그리고 심장장애는 유쾌한 정서의 기본원리인 확장-축적모델과 소멸효과의 기술을 활용하면 효과적으로 예방할 수 있고, 치료할 수 있고, 극복할 수 있다. 긴장이완훈련과 행동치료의 기술로 개인의 유쾌한 행동빈도를 증대시킬 수도 있고, 인지적 치료의 기술로 개인에게 낙관적 설명스타일을 학습시킬 수도 있고, 극복책략의 기술로 개인의 생활에서 긍정적 의미를 발견할 수 있게 도움을 줄 수도 있다.

확대-축적모델에 의해 설명되는 유쾌한 정서의 신장기술은 단순히 개인의 질병과 불안을 치료하고 예방하는 데에만 적용되는 것이 아니다. 이는 일종의 극복책략으로도 활용될 수 있다. 진정한 건강과 웰빙은 질병과 불안이 없는 그 이상의 상태를 말한다. 유쾌한 정서도 단순히 불쾌한 정서가 없는 그 이상의 상태이다. 이러한 의미에서 극복책략은 건강과 웰빙 수준을 신장시키는 수단으로 개념화시킬 수 있다. 즉, 극복책략으로서의 유쾌한 정서는 불쾌한 정서에서 오는 질병을 치료하고 예방하는 것은 물론, 개인의 스트레스, 리질리언시, 그리고 건강을 유지시키는 데 도움이 된다고 정의할 수 있다.

유쾌한 정서의 신장

　만족감과 같은 유쾌한 정서는 공포나 불안과 같은 불쾌한 정서의 영향을 효과적으로 경감시키는 데 매우 유용하게 작용한다. 우울증과 불쾌감 같은 불쾌한 정서는 유쾌한 정서와 깊은 관계가 있다. 여러가지 유쾌한 정서에 의해 우울증은 보다 효과적으로 치료될 수 있다. 초기의 행동치료자들은 유쾌한 정서의 빈도를 높이는 것이 효과적인 우울증의 치료방법이라고 생각하였다. 연구자에 따라 설명 스타일의 변화에 큰 비중을 두는 사람도 있다. 이것이 인지치료법이다. 물론 이 두 가지 방법이 갖는 우울증치료 효과는 매우 크다.

　불쾌한 정서의 치료과정에서 차지하는 유쾌한 정서의 비중이 크다는 사실을 알고 있는 사람은 그렇게 많지 않다. 불쾌한 정서를 경감시키기 위해서는 우선 그에 내포되어 있는 긍정적 의미를 발견하고 그의 극복 스타일의 특성을 먼저 이해할 필요가 있다. 불쾌한 정서에 내포된 긍정적 의미를 어떻게 발견할 것인가? 우울증을 두고 생각해 보자. 행동주의 심리학자들의 주장에 의하면 우울증은 긍정적 강화의 결여현상이라고 한다. 이와 같은 이론을 바탕으로 한 우울증치료에서는 자기주장, 사회적 기술, 긴장이완, 의사결정, 시간조정과 같은 기술을 습득시킬 필요가 있다. 이러한 기술을 습득한 우울증 환자의 우울증 강도와 그 빈도는 경감되고 즐거운 정서의 강도와 빈도는 증강된다.

우울증 환자의 유쾌한 활동의 빈도를 높이고 그 강도를 강화시키기 위해서는 그에게 사회화활동, 창의적 활동, 그리고 레저 활동의 기회를 부여하는 것이 중요하다. 이와 같은 책략에 의해 유쾌한 활동의 빈도는 증가되고 우울증의 수준은 크게 떨어진다. 이러한 활동을 통해 우울증의 증후가 나타나는 것을 초기에 예방할 수도 있다. 이와 같은 방법은 우울증을 예방하고 치료하는 데 매우 효과가 있다는 사실은 많은 사람이 의견을 같이 하고 있지만 그것이 어떻게 작용하였는지 그 기제는 밝혀내지 못하고 있다.

정서의 인지적 이해를 위해서는 자신의 활동보다는 그에 수반되는 의미를 이해하는 것이 보다 중요하다. 불쾌한 정서의 유발과정에서 보다 큰 비중을 갖는 요인은 불쾌한 사건 그 자체보다는 그 불쾌한 사건을 설명하는 그의 습관적 스타일의 특성이다. 즉, 자신이 직면한 불쾌한 사건이 내적이며, 안정적이며, 총체적인 원인에 의해서 유발된 것이라고 설명하는 사람에서는 우울증유발 가능성이 높다. 인지치료자들은 부정적 신념을 가진 사람의 비관적 설명 스타일을 극정적 설명 스타일로 변화시키는 데 역점을 둔다. 이러한 인지치료는 우울증의 치료와 예방에 매우 큰 효과가 있다. 더 나아가서 그의 설명 스타일에도 큰 변화를 가져온다.

자신의 불행이 외적 원인에서 기인한 것이라고 생각하는 우울증은 보다 효과적으로 치료된다. 설명 스타일의 변화에 역점을 둔 인지치료의 효과는 유쾌한 사건을 강화시키는 데 역점을 둔 행동치료의 효과보다 훨씬 높다.

인지치료자들은 긍정적 사고기능을 신장시키는데 역점을 둔다. 학습을 통해서 얻어진 낙관성은 우울한 감정을 경감시킬 수는 있으나 유쾌한 정서나 웰빙의 경험수준을 높여주지는 못한다. 유쾌한 상태는 단순히 불쾌한 상태가 결여된 상태가 아니라 이해가 쉽지 않은 그 이상의 상태이다. 심리학자들은 유쾌한 상태에 대한 이해를 새롭게 할 필요가 있다.

우리의 생활은 끊임없이 유쾌한 상태를 발견하고 노력하는 과정의 연속이다. 긍정적 의미는 신학자와 같이 종교나 영성을 통해서 발견할 수도 있고 철학자들과 같이 인생의 의미를 이해함으로써 발견할 수도 있다. 이와 같이 사람들이 긍정적 의미를 발견하는 통로는 매우 다양하다.

불쾌하거나 불길한 사건도 긍정적 관점에서 볼 수도 있다. 이것이 긍정적 재평가이다. 우리는 하잖은 일상적 사건에 긍정적 의미를 부여하기도 하고, 거기에서 현실적 목적을 성취함으로써 여러가지 긍정적 의미를 경함할 수 있다. 즉, 다른 사람과 밀접한 관계를 갖고 있다는 감정, 성취감, 자존심을 갖는 것, 희망과 낙관성의 감정을 갖는 것, 다른 사람으로부터 인정을 받는다는 감정 등이 바로 이것이다. 물론 그 수준은 주어진 사태나 대상에 따라 다를 수 있다.

일상적인 긍정적 활동을 통해서 얻어지는 긍정적 의미는 중요한 심리학적 반응을 일으킨다. 즉, 자신이 경험한 긍정적 의미의 근원을 이해하게 되면 거기에서 여러가지 도움을 받을 수 있다. 즉, 자신이 우울한 기분에서 회복할 시기는 물론 자신의 장기적 심리적 웰빙 상태까지도 예측해 볼 수 있다.

긴장이완치료

긴장이완치료의 기술은 매우 다양하다. 인도를 중심으로 한 아세아 문화권에 기반을 둔 명상이나 요가로부터 서양문화권에서 발달한 근육긴장훈련이나 바이오피드백까지 그 유형은 매우 다양하다. 이와 같은 기법의 유형은 달라도 그들은 모두 불쾌한 정서에 의해 유발된 불안, 두통, 만성 동통, 본태성 고혈압, 스트레스, 그리고 우울증 등의 치료기법으로 활용되며 그 효과도 크다.

긴장이완치료는 만족감의 정서를 신장시키는 한 기술이다. 만족감은 마인드 풀 상태의 정서이다. 이 치료효과는 신체적 변화보다는 인지적 변화에서 보다 뚜렷하게 나타난다. 만족감의 유쾌한 정서에는 개인의 사고와 행동의 레퍼토리를 확대해 주는 기능이 있다. 긴장이완치료법에는 만족감의 정서를 경험하는 데 필요한 조건을 조성해주는 기능도 있다.

긴장이완치료의 효과는 불쾌한 정서의 경감으로 나타나기도 한다. 이 효과는 경험적 자료에 의해 입증되었다. 즉, 심장병 환자에게 인위적으로 조작한 만족감을 담은 비디오를 시청하게 하면 심장병으로부터의 회복속도가 빠르다. 긴장이완훈련에 의해 조작된 만족감의 정서에는 실생활장면에서 직면하게 되는 불안은 물론 임상장면에 수반되는 스트레스를 경감시키는 효과도 있다.

심상훈련

긴장이완 훈련과정에서는 여러가지 심상을 치료수단으로 활용한다. 개인을 상대로 긴장이완훈련을 시킬 때에는 조용한 해변, 푸른 숲, 시원한 산의 정상 혹은 평화로운 평원을 상상해보

영장류의 한 비밀 **웃음**

게 한다. 어떠한 장면을 사용하는 경우에도 피훈련자로 하여금 그 장면을 선명하고 현실감 있게 상상하도록 지시한다.

심상훈련을 위해 가장 빈번하게 사용되는 것이 자연환경이다. 자연환경은 피훈련자의 주의를 집중시키고 긴장을 이완시키는 데 큰 효과가 있다. 자연환경 대신 자신의 아동기 경험이나 자신이 최근에 경험한 즐거웠던 사건을 상상하게 하는 방법도 많이 쓴다. 궁극적인 목적은 개인의 즐거운 경험을 회상하게 하고 그것을 마음 속에 간직시키는 데 있다.

실험실에서 즐거운 경험을 경험할 수 있게 조작하는 방법도 있다. 이를 위해 피훈련자로 하여금 자신의 생활에서 경험한 사실을 상상하게 하기도 한다. 심상훈련은 긴장이완훈련을 위한 것이거나, 실험실에서 실험을 위해서 조작한 것이거나 개인의 유쾌한 정서를 유발하는 데 큰 도움이 된다. 긴장이완훈련에 사용되는 심상은 보다 선명한 만족감의 정서를 불러일으킨다.

근육긴장 이완훈련

긴장이완훈련의 효과를 높이기 위해 점진적 근육긴장 이완훈련을 병행한다. 이 방법은 시카고 대학교 생리학 교수 Edmund Jacobson1888-1983이 1930년대에 전투병사의 불안치료를 위해 개발한 것이다. 이 기법은 후에 요하네스버그 대학교 정신과 교수 Joseph Wope1915-1997에 의해 '체계적 감도감강법'이라는 이름으로 보다 체계적으로 발전하였다. 점진적 긴장훈련의 목적은 근육긴장을 이완시키는 데 있다. 이 훈련과정에서 피훈련자는 자신의 손, 발, 어깨 근육의 긴장이완을 반복한다. 이 훈련은 실험실에서도 가능하다.

피실험자로 하여금 치료자의 지시에 따라 안면근육의 긴장과 이완을 반복하게 하면 안면표정에 특정한 정서가 수반된다. 신체부위, 특히 팔근육에 대한 긴장이완치료를 통해 여러가지 의미 있는 정서를 경험하게 할 수 있다. 특정한 정서와 관련된 근육의 활동은 그 정서의 또 다른 측면을 불러일으킨다. 예를 들면, 안면근육을 수축시키면 자신이 경험하고자 하는 다른 정서도 쉽게 경험할 수 있다.

이와 같은 경험적 자료를 종합해보면 점진적 근육이완훈련을 통해 만족감과 같은 정서를 경험할 수 있다고 볼 수 있다. 더 나아가서 웃음과 같은 특수한 반응도 유발시킬 수 있다. 부드러운 얼굴로 크게 웃는 웃음에는 얼굴과 사지의 긴장을 해소시키는 기능이 있다. 웃음을 통한 긴장이완에 의해 몸 전체의 긴장이 이완된다. 유쾌한 웃음에는 개인을 긴장에서 해방시키는 기능은 물론 만족감을 유발하는 기능도 있다. 점진적 근육이완훈련에 의해 근육긴장이 이완되는데, 이것은 곧 즐거운 만족감을 경험하는 데 큰 도움을 준다.

명상훈련

명상훈련은 긴장이완치료의 한 수단으로 활용되기도 하고 개인의 마인드 풀 상태를 조성하는 수단으로 사용되기도 한다. 명상훈련법에는 여러가지가 있다. 어떤 형태의 훈련에서나 피훈련자로 하여금 직면한 현재의 순간에 주의를 집중하게 한다. 피험자로 하여금 자기 주위의 세계, 자기 주위의 사물에 대해 주의 깊게 관찰하게 한다. 이 과정에서 대상에 대한 평가는 금물이다. 또 과거나 미래도 전혀 관심의 대상이 되어서는 안 된다. 마인드 풀 상태에서는 불필요한 목적지향적 활동을 중단할 수 있는 능력이 배양, 향상된다. 마인드 풀 명상을 통해 개인의 수용성과 신뢰의 감정이 배양, 신장되고 그것을 통해 지금까지 해보지 못한 새로운 경험을 얻을 수 있게 된다.

마인드 풀 상태에서 얻어지는 경험은 만족감을 구성하는 인지적 요소와 매우 유사한 점이 있다. 만족감은 피동적 행동을 조장하고 현재의 상태를 새로운 것과 점진적으로 융합시키려는 욕구를 유발한다. 그렇지만 마인드 풀 상태를 만족감과 동일하게 사용하는 것은 금물이다. 다만, 마인드 풀 상태는 만족감을 반전시키는 조건을 제공해줄 뿐이다. 마인드 풀 상태에서는 보다 많은 것을 볼 수 있고 그것을 더 깊이 생각할 수 있게 된다. 모든 사건의 본질적 질서를 발견하여 그것을 이미 이전에 불분명했던 것과 연결시켜 나갈 수 있다. 이와 같은 과정은 만족상태를 경험하게 되고 이를 마인드 풀 상태와 연결지을 수 있다.

지금까지 설명한 긴장이완치료에는 만족감의 정서를 유발하고 불쾌한 정서를 경감시키는 기능이 있다. 그러면 전통적 긴장이완훈련과는 어떻게 다른가. 전통적 긴장이완훈련에서는 그에 수반되는 심장박동, 혈압, 호흡, 근육긴장의 변화 등 생리적인 변화에 역점이 주어졌다. 이완반응은 건강을 손상시키는 스트레스반응과 양립할 수 없으므로 그것이 곧 치료효과로 나타난다고 보았다. 이런 설명은 긴장이완훈련에 수반되는 인지적 상태나 정서적 상태의 가치를 과소평가하는 심리학자들이 선호한다.

이제 긴장이완훈련의 효과는 인지적 요소에 큰 비중을 두고 설명되어야 한다. 이들의 주장에 따르면 긴장이완치료에 의해 마인드 풀 상태나 혹은 인지적 극복기술이 신장되는데, 그것이 곧 치료효과로 나타난다고 한다. 사실 정서는 생리적 요인과 인지적 요인의 결합 산물이다. 이에 따라 유쾌한 정서의 효과에 대한 설명도 달라질 수밖에 없다. 즉, 확대된 사고와 행동 레퍼토리가 축소된 불쾌한 정서의 레퍼토리와 양립할 수 없기 때문에 그것이 곧 치료효과로 나타난 것으로 볼 수 있다.

긴장이완훈련은 심장병을 치료하고, 근육을 이완시키는 데, 또 만족감의 정서를 유발하는 데 사용되었다. 이 기술이 효과가 있는 것으로 판단될 때 이것은 만족감을 내적 안정감과 동일성을 유발하는 조건을 제공해준 것으로 생각할 수 있다. 이 유쾌한 정서는 생리적 각성의 감소현상을 수반한다. 만족감의 정서를 경험하고 그에 따른 사고 활동의 레퍼토리가 확대되면 긴장이완훈련은 불쾌한 정서의 각성을 경감시키는 결과를 가져온다.

긴장이완치료에는 단순한 증후제거기능뿐만 아니라 예방의 기능도 포함되어 있다. 긴장이완치료는 자기 스스로 만족감을 반복 실연하는 데에도 사용될 수 있다. 이러한 실연을 통해 자신에게 변화를 가져올 수 있는데, 이것이 곧 그 자신의 자원을 형성하는 기반이 된다.

마인드 풀 명상에는 자신의 불안이나 우울증을 제거하는 기능뿐만 아니라 동정심과 영성의 세계를 넓혀주는 기능도 있다. 그러므로 긴장이완치료를 받은 사람은 스트레스에 직면했을 때 그것을 스스로 조정할 수 있을 뿐만 아니라 복잡한 자아의 탄력성의 특성을 발견할 수 있다. 더 나아가서 자신의 면역기능을 향상시켜 질병을 예방하고 효과적인 투병생활을 할 수 있다. 이 새롭게 형성된 리질리언시의 기능은 개인의 극복기능은 물론 개인의 건강과 웰빙수준을 향상시키는 데 큰 도움을 준다.

유쾌한 정서의 효과

불쾌한 정서의 경감

유쾌한 정서에는 심리적 안정을 촉진시킬 뿐만 아니라 신체적 건강을 촉진시키는 기능이 있다. 또 불쾌한 정서에 의해 야기된 분노, 공포, 불안은 물론 그에 수반되는 심장박동을 증가시키는 기능도 있다. 유쾌한 정서에는 심장혈관계통에 주는 부정적 효과를 억제하고 경감시키는 기능이 있다. 유쾌한 정서에는 중성적 정서나 불쾌감보다 불쾌한 정서에 의해 유발된 심장혈관의 장애를 보다 효과적으로 치료하고, 심장기능을 보다 빨리 회복시키는 기능이 있다. 유쾌한 정서가 가지는 불쾌한 정서의 경감효과는 각성수준이 높은 환희나 즐거움은 물론 각성수준이 낮은 만족이나 온정에서도 현저하게 나타난다.

이와 같은 실험적 발견을 바탕으로 2001년에 미국에서 일어난 9.11테러사건과 신체적 상태는 깊은 관계가 있다는 것이 잘 설명된다. 9.11테러를 경험한 사람 가운데 평소에 감사, 사랑과 같은 유쾌한 정서를 보다 빈번하게 경험한 사람은 그렇지 못한 사람에 비해 심장혈관의 장애를 크게 받지 않았다는 사실이 심리학자들에 의해 밝혀졌다. 이를 통해 유쾌한 정서에는 스트레스에 의해 손상된 심장혈관의 장애를 회복시키는 기능도 있다고 해석할 수 있다.

유쾌한 정서에는 단순히 우리를 기쁘게 하는 기능만 있는 것이 아니다. 유쾌한 정서에는 여러가지 긍정적 효과를 주는 기능이 함축되어 있다. 자신이 경험한 불쾌한 정서를 경감시키는 데 큰 도움을 주는 기능도 있다. 불쾌한 정서는 마음의 세트를 협소화시키는데 반해, 유쾌한 정서는 마음의 세트를 확대시킨다. 이는 유쾌한 정서가 불쾌한 정서의 효과를 경감시킨 것이 분명하다.

이러한 효과는 생리적 반응을 통해서도 나타난다. 심장혈관의 활동을 포함한 자율신경계통의 활동을 예로 들 수 있다. 이는 곧 신체로 하여금 특정한 활동을 준비하게 하는 기능을 한다. 스트레스와 불쾌한 정서는 심장혈관활동과 관계있는 심장병을 악화시킨다. 동물을 대상으로 한 실험에서 정서와 관계되는 심장혈관활동은 동맥의 내벽을 손상시키며 아테롬성 동맥경화증을 유발한다는 사실이 밝혀졌다. 유쾌한 정서는 사람의 사고와 활동의 레퍼토리를 확대시키기 때문에 불쾌한 정서가 심신을 억압해서 특정한 활동을 방해하는 속박을 풀어주고 불쾌한 정서의 생리적 효과를 경감시키는 기능을 한다.

이 경감효과는 실험실에서도 확인된 바가 있다. 실험자는 피실험자에게 인위적으로 불쾌한 정서를 유발시키고 심장박동을 증가시키고 말초혈관을 수축시켜 혈압을 높였다. 동시에 유쾌한 정서를 유발하는 두 개의 비디오, 중성적 통제비디오, 그리고 우울증을 유발하는 비디오 어느 하나를 선택하여 시청하게 하였다. 그 결과, 두 개의 긍정적 정서를 유발하는 비디오를 시청한 사람은 중성적 비디오를 시청한 사람에 비해 심장병에서 쉽게 회복되었다.

이와는 대조적으로 우울증 비디오를 시청한 사람의 회복은 가장 늦었다. 이와 같은 사실을 통해 유쾌한 정서는 불쾌한 정서에서 발병한 심장혈관의 영향을 경감시키고 있다는 사실을 알 수 있다. 불행하게도 아직까지 경감효과의 인지적 생리적 기제는 알려져 있지 않다.

인지기능의 확대

유쾌한 정서는 불쾌한 정서의 영향을 경감시킬 뿐만 아니라 사고기능의 범위를 확대시킨다. 불쾌한 정서가 중추신경계통의 공격활동, 도피활동을 고조시키는 것과는 대조적으로 유쾌한

     영장류의 한 비밀 **웃음**

정서는 중추신경계통의 각성기능을 억제하고 개인의 주의능력
과 사고능력 그리고 행동의 레퍼토리를 확대시킨다. 또 유쾌한
정서에는 유연하게 사고하고, 창의적으로 사고하고, 통합적으로
사고하며, 모든 정보를 긍정적으로 받아들이는 특이한 사고기
능이 있다. 그뿐만이 아니다.

실험실에서 인위적으로 조작한 유쾌한 정서를 경험한 사람의
행동은 특이할 뿐만 아니라 도파민의 순환활동이 원활하다. 보
다 최근에 발견된 미시간 대학교의 심리학 교수 Barbara
Fredrickson에 의하면 유쾌한 정서를 경험한 사람은 중성적 정
서나 불쾌한 정서를 경험한 사람에 비해 시각적 주의범위가 확
대되며, 이 확대된 기능은 부활성 수준이 높은 환희나 부활성
수준이 낮은 만족감이나 침착성 같은 유쾌한 정서를 유발시킨
다고 한다.

유쾌한 정서를 유발하는 확대된 인지기능에는 위기극복기능
을 신장시키는 기능도 있다. 실험실에서 인위적으로 유인한 유
쾌한 정서에는 중요한 사건이나 자신과 관계되는 정보처리능력
을 촉진시키는 기능이 있다. 이와 같은 실험결과를 뒷받침하는
또 다른 자료를 보자. 장기간 배우자의 병간호에 종사한 사람에
대한 종단적 연구결과에 의하면 그들이 병을 간호하는 동안 유
쾌한 정서 수준이 높은 사람은 그들의 경험에서 새로운 긍정적
의미를 발견하는 경향이 있다고 한다.

이와 같은 사실을 종합해 보면, 유쾌한 정서는 순간적인 긍정적 경험으로 끝나지 않고 장차 직면하게 될 역경을 극복하는 기능을 향상시켜준다는 사실을 알 수 있다. 또, 유쾌한 정서에는 앞으로의 생활에서도 좋은 감정을 갖게 해주는 기능이 있다. 이와 같은 향상된 정서적 웰빙은 유쾌한 정서를 경험하게 하고 보다 넓은 사고기능을 향상시킨다.

위험한 사태에 직면했을 때 유쾌한 정서는 적응을 위해 특이한 기능을 발휘한다. 즉, 유쾌한 정서는 직접적인 생존을 위한 행동 대신 장차 자신의 성장과 발달을 위해 필요한 행동을 신장시킨다. 이 과정에서 유쾌한 정서는 그가 후에 직면하게 될 유사한 사태를 효과적으로 활용 가능한 행동의 레퍼토리를 보다 많이 축적하는 데 큰 도움을 준다. 유쾌한 정서에는 개인의 적응에 필요한 기능을 간접적으로 성장시켜주는 기능이 있다. 이와 같은 사실을 기반으로 미시간 대학교 심리학 교수 Barbara Fredrickson은 확대 – 축적이론의 체계를 세웠다. 이 이론에 따르면 개인이 경험한 유쾌한 정서는 순간적인 마음의 세트를 확대시키며, 그것은 곧 지속적인 개인의 행동자원으로 축적된다고 한다. 이와 같은 주장의 타당성은 개인이 경험한 유쾌한 정서가 그 행동과 사고에 긍정적 변화를 가져오는 것을 통해 입증된다.

이 실험에서 실험자들은 한 집단에는 인위적으로 정서경험을 갖게 하기 위해 환희, 즐거움, 그리고 공포의 장면을 담은 비디

  영장류의 한 비밀 **웃음**

오를 일정 시간 시청하게 하였다. 다른 한 집단에는 아무런 정서도 유발하지 않은 중성적 비디오를 같은 시간 시청하게 하고 두 집단에서 나타난 정서반응의 특성을 비교하였다. 이에 앞서 실험자는 우선 실험자들의 사고능력을 평가하기 위해 자기평가법은 물론 안면에 나타나는 근전도를 측정하였다. 그 결과, 유쾌한 정서를 경험한 사람일수록 비디오의 전체적 형태를 선택 지각하는 경향이 있다는 사실을 발견하였다. 이것은 곧 그들의 사고범위가 확대된 결과로 해석할 수 있다. 이와 같이 확대된 사고-활동의 레퍼토리는 곧 유쾌한 정서의 산물이다.

코넬 대학교 심리학 교수 Alice Isen은 그의 실험에서 유쾌한 정서를 경험한 사람의 행동특성을 발견하였다. 그들은 창의적 기능측정을 위해 *Mednick Remote Asssociatlion Test*를 실시하였다. 이 검사는 원래 창의성의 개인차를 측정하기 위해서 제작된 것이다. 이 검사결과를 통해 유쾌한 정서를 경험한 사람일수록 창의성 수준이 월등하게 높다는 사실을 발견하였다.

Isen의 또 다른 실험과 그 결과를 살펴보자. 그들은 실제 환자 진료에 종사하는 의사의 임상추리력을 검사하였다. 실험자들은 의사의 좋은 기분을 조장하기 위해 조그마한 사탕상자를 주었다. 그러고 나서 간질 환자의 임상적 문제가 해결될 때마다 큰소리로 보고하게 하였다. 그들의 보고내용을 분석해 보면 유쾌한 정서를 경험한 의사일수록 환자에 대한 정보를 보다 빨리 효과적으로 발견할 수 있다는 사실을 발견하였다. 그들은 환자의 문제를 편협하게 생각하고 미숙하게 진단하는 일이 없었다. 그들의 또 다른 실험에서 의사들은 기분이 좋을 때 어려운 문제를 보다 통합적으로 발견하는 경향이 있다는 사실도 발견하였다. Isen이 20년 이상에 걸쳐 모은 실험결과를 종합해 보면 의사는 기분이 좋을 때 창의적이고, 통합적이고, 유연하게 생각한다는 사실을 발견하였다.

유쾌한 정서경험에 의한 확대된 마음의 세트는 장시간 지속되고 그 효과도 크다. 주의기능과 사고기능이 확대되면 보다 차원이 높은 아이디어를 얻을 수 있게 되고 보다 바람직한 사회적 유대관계가 형성된다. 예를 들면, 환희와 즐거움은 습관적인 유쾌한 정서이며 그것은 개인의 중요한 자원의 기반이 된다.

운동장에서 즐겁게 노는 아이나 체육실에서 농구를 즐기는 학생을 두고 생각해보자. 그들의 직접적인 동기는 단순한 쾌락을 추구하는 것에 지나지 않지만 그들은 그것을 통해 신체적, 지적, 심리적, 그리고 사회적 자원을 축적할 수 있다. 신체적 활동을 통해 건강을 촉진시킬 수 있고, 게임을 통해 문제해결의 기술을 습득할 수 있고 또 장차 어려움에 직면하였을 때 도움을 받을 수 있는 사회적 유대관계가 형성된다.

원숭이와 쥐의 놀이와 신체적, 사회적, 지적 자원 간에도 유사한 연결의 고리가 맺어진다. 인간의 긍정적 · 심리적 상태와 긍

  영장류의 한 비밀 **웃음**

정적 활동과의 관계도 동물에서 나타난 것과 크게 다르지 않다. 경험을 축적시키는 것은 삶의 수단으로 굳어지게 된다. 애타적 행동은 사회적 유대를 강화하고 애정표시의 기능을 강화해준다. 이러한 효과는 유쾌한 정서가 소실된 후에도 장기간 지속된다.

이와 같은 특성은 리질리언시나 낙관주의의 특성과도 깊은 관계가 있다. 코넬 대학교 경영학과와 행동과학과 교수 Alice Isen은 2001년 초에 자기가 면담한 사람들을 9.11테러 공격 후에 다시 면담하였다. 그는 피면담자들에게 공격 당시 느낀 감정, 테러 공격을 통해 배운 것, 그리고 자신의 장래에 대한 낙관성의 수준에 대해 물어 보았다. 그들에 대한 면담에서 9.11테러 공격이 있은 후 거의 모든 사람이 슬픔, 분노 그리고 공포를 경험했다는 사실을 발견하였다. 그 가운데 70%는 우울증에 빠진 경험이 있다는 사실을 확신할 수 있었다.

2000년 초 Isen은 리질리언시의 수준이 높은 사람일수록 유쾌한 정서의 수준도 높다는 사실을 발견하였다. 유쾌한 정서수준이 높은 사람은 리질리언시의 수준도 높고 우울증도 잘 극복하고 있다는 사실도 발견할 수 있었다. 특기할 만한 것은 유쾌한 정서수준이 높은 사람일수록 9.11테러 후에도 심신양면이 건강하다는 점이다.

감사의 감정을 가진 사람은 위험을 통해서 새로운 것을 학습하고 낙관주의의 수준이 크게 상승한다는 것이 이 연구결과에서 확실하게 밝혀졌다. 리질리언시 수준이 높은 사람 가운데에는 이 세상의 모든 사람은 선하다는 것을 배웠다고 말하는 사람도 많았다. 또 감사의 감정은 긍정적 학습의 범위를 넓혀주고 결국에는 낙관주의의 수준을 높여주는 결과를 가져온다. 이와 같은 사실은 Barbara Fredrickson이 주장하는 확대-축적이론과 완전히 일치한다.

기능의 축적

순간적으로 유쾌한 정서를 경험하게 되면 불쾌한 정서는 억제되지만 인지기능의 범위는 확대된다. 순간적으로 경험한 유쾌한 정서의 기능은 이것으로 끝나지 않는다. 그것은 또 다른 보다 장시간 지속되는 유쾌한 정서를 다시 경험하게 한다. 이미 앞에서 기술한 바와 같이 유쾌한 정서는 순간적으로 개인의 사고기능을 확대시키고 이는 그의 극복기능을 향상시키는 결과를 가져온다. 이와 같은 유쾌한 정서과정에 의해 형성된 극복기능은 개인의 습관으로 굳어지게 된다. 이렇게 해서 형성된 습관화된 극복책략은 개인의 새로운 기량인 리질리언시와 같은 특성이 형성된다. 이는 역경에 빠진 개인이 정상상태로 회복하는 데 도움을 주는 새로운 기량으로 작용한다.

유쾌한 정서는 지속적으로 개인에게 필요한 기략형성에 도움이 된다는 것이 Barbara Fredickson의 확대-축적이론의 골자이다. 이 이론에 의하면 긍정적 정서에 의해서 확대된 기능이 반복적으로 장기간 지속되며 그것은 곧 개인에게는 건강이나 장수와 같은 신체적 기략, 우정, 사회적 지지와 같은 사회적 기략, 전문지식, 지적 복잡성과 같은 지적 기략, 리질리언시, 낙관주의와 창의성과 같은 심리적 기략을 신장시키는 데 큰 도움이 된다. 유쾌한 정서를 통해 습득한 개인의 기략은 일시적으로 끝나는 것이 아니라 장시간 지속된다. 일시적으로 경험한 즐거운 정서는 개인의 기략으로 성장하게 되므로 그들의 창의성, 지적 수준, 사회적 성숙, 그리고 리질리언시의 수준도 그와 함께 신장된다.

이와 같은 개인의 기략은 평생 지속될 뿐만 아니라 그의 생존에 큰 도움을 주게 된다. 성인기에 보다 많은 즐거운 정서적 경험을 가진 수녀는 그러한 정서를 경험하지 못한 수녀보다 적어도 10년은 더 장수한다는 사례 보고의 타당성은 이와 같은 사실이 충분히 확증시켜주고 있다.

장 수

이미 앞에서 1930년대의 수녀들이 남긴 개인생활기록에서 즐거운 정서를 경험한 수녀일수록 장수한다는 사실을 소개하였다. 그러면 유쾌한 정서가 어떻게 장수의 기반이 되는가? 왜 행복한 수녀는 불행한 수녀보다 장수하는가? 유쾌한 정서는 순간적으로 즐거운 기분을 유발하는 데 그치지 않는다. 경감효과의 이론에 의하면 유쾌한 정서에는 불쾌한 정서에서 유발된 심장 혈관의 손상을 경감시키는 기능이 있다고 한다. 그 경감효과는 개인에게 더 많은 긍정적 영향을 준다.

유쾌한 정서를 경험하게 되면 보다 많은 즐거운 기분을 경험하게 된다. 유쾌한 정서와 확대된 사고기능은 서로 기능을 강화시킨다. 즉, 긍정적으로 생각하면 사고기능이 확대되고, 사고기능이 확대되면 유쾌한 정서를 경험하게 되며 결과적으로는 개인의 웰빙 수준을 크게 향상시키는 결과를 가져온다.

개인이 경험한 유쾌한 정서는 개인의 웰빙 수준에 긍정적 효과를 주는 것으로 끝나지 않는다. 그것은 공동사회의 모든 성원이 유쾌한 정서를 경험하게 하고 더 나아가서 그들의 웰빙 수준을 향상시키는 데 큰 영향을 준다. 개인의 확대된 사고기능은 자기가 속해 있는 집단성원의 유쾌한 정서는 물론 그들의 긍정적 사고기능을 촉진시킨다. 다른 사람에게 도움을 주고 다른 사람에게 온정을 베푸는 행동을 두고 생각해보자. 유쾌한 정서를 보다 많이 경험한 사람일수록 보다 많은 사람에게 보다 많은 도움을 줄 수 있다.

다른 사람에게 도움을 주는 것은 단순히 유쾌한 정서경험으로 끝나지 않고 그것은 또 다른 유쾌한 정서를 유발한다. 남에게 도움을 줌으로써 자신이 선행을 베풀었다는 자랑스런 생각에는 또 다른 좋은 감정이 수반된다. 도움을 받는 사람은 감사의 뜻을 가지며 도움을 준 사람은 자신의 행동을 통해 지속적으로 즐거운 기분을 간직하게 된다. 유쾌한 정서, 예를 들면 감사하는 마음, 자랑스럽게 생각하는 것은 마음의 세트를 확대시키고 더 나아가서는 온정을 베풀고 싶어하는 생각을 갖게 한다.

자신의 긍정적 행동, 즉 유쾌한 정서는 도덕적이며 사회적 조화를 이루는 행동의 자원이 된다. 이러한 사실을 종합해 보면, 우리는 보다 빈번한 유쾌한 정서를 경험할 수 있는 생활방법을 모색할 필요를 느낀다. 무엇보다도 웃음과 유머는 유쾌한 정서를 유발하고 유쾌한 정서는 웃음과 유머의 기반이 된다. 이것이 모두 행복의 근원이 된다.

주기적으로, 그리고 빈번히 유쾌한 정서를 체험하는 사람은 이 세상의 모든 즐거움을 다 경험할 수 있다. 마음은 자신의 강력한 협력자이다. 영국의 시인 John Milton1608-1674이 말한 바와 같이 마음은 지옥에 천국을 만들 수도 있고, 천국에 지옥을 만들 수도 있다. 유쾌한 정서의 변화과정의 특성은 새로운 과학의 한 분야인 긍정적 심리학자가 풀어야 할 큰 과제의 한 부분이다. 이 세상을 즐거운 곳이라고 생각하면 자신의 유쾌한 정서는 크게 성장할 뿐만 아니라 자신의 삶에도 긍정적 변화를 가져올 수 있고 더 나아가 이 지구상에 천국을 건설할 수도 있다.

 영장류의 한 비밀 **웃음**

인명색인

Abel, E. / 72
Adam Smith / 190
Albert Schweitzer / 117
Andronicus, T. / 63
Angelman, H. / 73
Aristotle / 21, 38, 141
Arthur Schopenhauer / 23

Bain, A. / 24
Barclay, R. / 119
Bergson, H. / 25
Bleuer, E. / 81
Broca, P. / 106
Brothers, S. / 40
Buehwald, A. / 29

Chamfort, N. / 15
Chaucer, G. / 15
Cicero, M. / 188
Clorfene, J. / 71
Coleridge, S. / 68, 70
Colton, G. / 71
Cousins, N. / 28, 95, 103, 107, 152
Csikszentmihalyi, M. / 177

Darwin, C. / 27, 34, 144
Dary, H. / 69
Democritus of Abdera / 80
Dostoevsky, F. / 15
Duchenne, G. / 173

Ekman, P. / 173
Eysenck, H. / 28

Folkman, S. / 186
Fowler, H. / 146
Fredrickson, B. / 184, 187, 209, 210
Freud, S. / 24, 146, 120
Friesen, W. / 173
Fry, W. / 95

Gajdusek, C. / 64
Gehrig, L. / 78
Glasbergen, R. / 89
Glover, E. / 104
Goethe, J. / 15
Gorgias / 22

Hall, S. / 27
Hawking, S. / 79
Heim / 27

Heinlein, R. / 24
Hippocrates / 80
Hobbes, T. / 22, 141
Homer / 67
Horace Wells / 70
Hubhard, E. / 15
Huteland, G. / 142

James Papez / 48, 49
Joubert, L. / 108

Kafarid, M. / 123
Kamboropoulou / 27
Kant, I. / 23
Kelly / 48
Kelvin, W. / 26
Kenderdine / 27
Kraepelin, E. / 27, 81
Kramer, H. / 82

Lefcourt, H. / 28
Levenson, R. / 173
Levi, L. / 95

Mac Lean, P. / 170
Margolis, J. / 71
Marteinson, P. / 24

Martin / 27

Marx, G. / 91

Maugham, S. / 15

McDougall, W. / 152

McGill, F. / 79

Melville, H. / 15

Mencken, H. L. / 15

Milton, J. / 217

Mondeville, H. / 97

Morton, W. / 70

Moskowitz, J. / 186

Mulcaster, R. / 109

Nietzsche, F. / 16

Overeem, O. / 73

Pausanias / 67

Penfield, W. / 57

Plato / 16, 20, 141

Pristley, J. / 69

Provine, R. / 83, 129

Rachman, S. / 105

Rhodes, R. / 65

Rochin, H. / 14

Roentgen, W. / 105

Rousseau, J. / 141

Sade, M. / 40

Sanders, B. / 22

Seligman, M. / 177

Shakespeare, W. / 32, 63

Southey, R. / 68, 70

Spencer, H / 24

Sweet, W. / 33

Tourette, G. / 84

Twain, M. / 14

Virchow, R. / 148

Volfaire / 103

Washburn, M. / 27

Welch, K. / 96

Wells, H. / 69, 71

Wertheimer, M / 25

Wilde, O. / 21

Wilson / 27, 47

Wolpe, J. / 105

Wood, B. / 96

Wood, R. / 106

Wope, J. / 202

내용색인

4대 원소설 / 148

4F기능 / 53

9.11테러 / 185, 189, 206, 213

A형 성격 / 89, 116

ABC 모델 / 169

fMRI / 31

Geothe상 / 105

HIV / 96, 97

H반사 / 73

LSD / 71

Mednick Remote Asssociatlion
    Test / 211

N선 스캔들 / 105

NK 세포 / 90, 100

S-IgA / 98, 99

가상적 죽음 / 154

가짜웃음 / 58

각성상태 / 51

각성수준 / 147

간지럼 / 17, 27, 32, 135

간지럼의 기제 / 38

간지럼의 발달 / 40

감사 / 188, 190

감정 / 169, 170

감정도착 / 81

경감효과의 이론 / 216

경련성 웃음 / 67

고소 / 20
공격성 / 52
공허감 / 32
공화국 / 20
과학적 연구방법 / 26
광기 / 80
광적 웃음 / 61
교감 – 부신수질 / 93
구제이론 / 141
국부론 / 190
국제웃음클럽 / 127
극복 스타일 / 196
극복책략 / 139, 142, 152, 195
근위축성 측색경화증 / 78
근육긴장 이완훈련 / 201
근육이상치료 / 102
긍정적 심리학 / 176
긍정적 재평가 / 198
기능의 축적 / 214
기능적 자기공명 영상법 / 59
기면증 / 73
기질 / 150
긴장이완치료 / 199
꼬마 Hans / 104

낙관주의적 태도 / 154
난해과학 / 105
내성적 분석법 / 27
내향성 / 51
냉소 / 20, 68
노르에피네프린 / 95, 157

놀이 / 180
농담 / 142, 159, 165
높아진 각성수준 / 43
뇌 / 48, 56
뇌신경병 / 64
뇌저신경절 / 86
뇌졸중 / 118
뇌피질자극기술 / 57

대상적 · 사회적 접촉 / 130
대인관계 / 131
대체의학 / 110
도파민 / 62
동기 / 159
동시성 신경부화현상 / 77
동통 / 94, 115, 112

레트장애 / 74, 83
리질리언시 / 184, 213

마리화나 / 71, 72
마인드 풀 상태 / 183, 200, 203, 205
만족감 / 182, 196
매력적 여자형 / 143
면역글로불린 / 100
면역글로빈 / 91
면역기능 / 155
면역기능항진기능 / 100
면역타액글로불린 / 156
명상훈련 / 203

미소 / 20, 144

반복실험 / 104
반사행동 / 19
발작성 웃음 / 60
발작유발성 웃음 / 76
변연체 뇌 / 48
변연체계통 / 47, 52
보체 / 100
복측내측전전두피질 / 47
부신피질 자극호르몬 / 157
부조화이론 / 24, 140
부활성계통 / 51
불쾌식역 / 111
불쾌한 정서의 경감 / 206
비극 / 185
비정상적 웃음 / 55, 61

사회적 승수법 / 130
사회적 신경과학 / 59, 60
사회적 정보처리과정 / 159
사회적 제지 / 134
사회적 행사 / 135
살디니아의 웃음 / 68
삼위일체 뇌 모델 / 170
상부호흡기감염 / 156
상행망양체 부활성계통 / 51
생리적 호르몬 / 100
생산적 사고 / 147
설명 스타일 / 198
성장호르몬 / 157

세계 웃음의 날 / 123
세로토닌 / 59, 62
소멸효과 / 194
수면발작 / 76
수사학 / 21
순수이성비판 / 23
스트리크닌 중독 / 68
슬개반사 / 34
시상하부 – 뇌하수체 – 부신
　　축 / 93
시상하부 / 53, 58
시학 / 21
신경내분비호르몬 / 156
신경성 질환 / 121
신경순환기능이론 / 170
신경증적 경향성 / 52
신어조작 / 77
신피질 뇌 / 48
실어증 증후 / 61
실인증 / 50
심근경색 / 90
심리적 방어기제 / 143
심상훈련 / 200
심장발작 / 118

아사나 요가 / 128
안드로니쿠스의 웃음 / 63
안젤만장애 / 73, 74, 83, 84
알츠하이머증후군 / 55
알코올 / 71
어릿광대치료 / 91, 110, 125,
　　142
에드워드 기호검사 / 164
에테르 / 70, 71
에피네프린 / 95, 117
염색체 이상 / 55
오디세이 / 67
외모 / 101
외향성 / 51
우울증 / 196
우월성 이론 / 140
우전두엽 / 162
울분 / 185
울음 / 49
웃음 / 13, 18, 20, 24, 47, 89, 92
웃음간질 / 58, 60, 77, 121
웃음명상법 / 126
웃음발작 / 30
웃음요가 / 123, 127, 128
웃음유발 / 129
웃음의 가스 / 68, 71
웃음의 과학 / 14, 139
웃음의 바이러스 / 29
웃음의 성차 / 31
웃음치료 / 97, 125
위트 / 146
윌리엄스장애 / 84, 85
윌슨장애 / 84, 86
유머 / 25, 113, 139, 146, 152,
　　158
유머감각 / 152
유머치료 / 125
유연과학 / 105
유쾌한 상태 / 198
윤리학 / 21
이상열공 / 118
익살 / 145
인지기능 / 208
인지적 극복기술 / 204
인지적 요소 / 183
일화적 방법 / 27

자기공명 단층촬영술 / 162
자아 / 41
자아발달 / 41
자폐증 / 40
장수 / 215
재담 / 159, 165
전두엽 / 78, 83
전파성 웃음 / 133
점강법 / 160
정서 / 47, 169
정서성 / 52
정서적 웰빙 / 210
정서표출 / 51
정신분석 / 147
정신분열증 / 81
정신치료 / 152, 192
조소 / 20, 67
조크 / 17, 25, 116
존엄성 이론 / 141
주의결핍 과잉활동장애 /
　　180

중격 / 50, 53
중다차원적 유머감각척도 /
    164
진통효과 / 114
질병치료 효과 / 103

창의형 / 143
천식 / 101
체계적 감도감강법 / 202
체액 / 148
총체적 웰빙 / 139

컴퓨터 단층촬영술 / 162
코미디 / 25
쿠루병 / 64
클로스트리듐테타니 / 68
클뤼버 – 뷰시증후군 / 50

탄력발작 / 72

태도 / 132
통제국소 / 28
투렛장애 / 84

파과형 정신분열증 / 81
파충류 뇌 / 48
파킨슨병 / 56
파티형 / 143
편도 / 52
평가법 / 28
폭소 / 74
표출 / 158
프롤락틴 / 157
피드백 환 / 51
피크병 / 84

하-하-하 / 13
학습을 통해서 얻어진 무기
    력감 / 177

해마 / 47, 52
해슬 / 156
해시시 / 71, 72
해학 / 145
행동치료 / 196
행복감 / 191
혈청코티솔 / 107
협동형 / 143
형태주의 심리학 / 147
호-호-호 / 13
홍소 / 20, 110
확대 – 축적모델 / 195
확대 – 축적이론 / 184, 210,
    214, 215
환자가 지각한 질병의 해부
    / 28
환희 / 176, 179
흥미 / 181
흥미진진한 이야기 / 133